PARIS

GRÜND

SOMMAIRE

Texte
Milena Ercole Pozzoli

Traduction
Marie-Paule Duverne

Révision
Cécile Coursol

Secrétariat d'édition
Claire Forgeot

Réalisation éditoriale
Valeria Manferto De Fabianis

Directeur artistique
Patrizia Balocco

Maquette
Anna Galliani
Alberto Bertolazzi
Clara Zanotti

Réalisation PAO
Liani Copyright

GARANTIE DE L'ÉDITEUR
Malgré tous les soins apportés à sa fabrication, il est malheureusement possible que cet ouvrage comporte un défaut d'impression ou de façonnage. Dans ce cas, il vous sera échangé sans frais. Veuillez à cet effet le rapporter au libraire qui vous l'a vendu ou nous écrire à l'adresse ci-dessous en nous précisant la nature du défaut constaté. Dans l'un ou l'autre cas, il sera immédiatement fait droit à votre réclamation.
Librairie Gründ – 60, rue Mazarine – 75006 Paris

Première édition française 1997
par Librairie Gründ, Paris

ISBN : 2-7000-2549-0
Dépôt légal : avril 1997

Édition originale 1997
White Star S.r.l., Vercelli
sous le titre *Parigi*

Imprimé en Italie

1 Sur cette photographie originale, la tour Eiffel est entourée de l'Obélisque, à droite, et de l'une des innombrables statues qui embellissent la célèbre place de la Concorde.

2-7 Le parc du château de Versailles est décoré de magnifiques fontaines et statues.

3-4-5-6 Sur cette photographie aérienne, on reconnaît la Seine, le fameux fleuve qui traverse Paris et le long duquel s'est déroulée, jusqu'à la fin du XVIIe siècle, toute l'activité commerciale de la capitale.

7 La façade sévère de Notre-Dame se découpe sur le ciel de Paris.

ANCIENS FASTES ET SPLENDEUR NOUVELLE

Paris est fait de tant de choses – créatures proches et lointaines, figures mystérieuses, fantômes surgis du passé, architectures éblouissantes – qui, tous les jours, dès l'aube, changent le visage de la ville et font parler d'elle. Plus que toute autre capitale, Paris joue un rôle vraiment prépondérant dans son propre pays et dans toute l'Europe, ceci depuis la nuit des temps, et presque en vertu d'un droit divin. Depuis qu'en 508 Clovis établit ici la capitale de la Gaule, Paris n'a cessé de consacrer cette image. Avec sa prodigieuse vitalité artistique et culturelle, il a toujours su fasciner et mettre son énergie créatrice au service de son propre mythe. Paris trouve toujours le moyen de se raconter, à travers la musique, le théâtre, la peinture, le cinéma, la littérature et l'architecture. Pour le centenaire de la Révolution, on fit ériger la tour Eiffel ; dans les années 70, Pompidou fait construire cet étrange bâtiment qu'est le Centre Georges-Pompidou et associe son nom à l'opération d'urbanisme la plus discutée de toute la ville. Puis c'est Mitterrand qui soutient le projet de la grande arche de la Défense et célèbre le bicentenaire de la création du Louvre avec l'ouverture d'une nouvelle aile du musée et l'inauguration du hall que surmonte une pyramide dont la transparence cristalline projette la lumière dans les méandres du sous-sol de la cour Napoléon. Non satisfait, il entreprend aussi la Très Grande Bibliothèque de France : quatre tours face à face, pareilles à d'immenses livres en verre et en béton, ouverts et tournés vers le ciel. Paris vit dans un mouvement perpétuel, avec toujours quelque défi à relever, imposant avec insolence la jeunesse contagieuse de ses avant-

8-9 Du haut de la tour Eiffel, le regard embrasse toute la ville. Quand il fait beau, on a l'impression d'étreindre toute la capitale et ses principaux monuments.
Sur la photographie en haut, l'ombre de la célèbre tour s'allonge jusqu'à la Seine.
En bas, à gauche, le Sacré-Cœur, tout blanc, se dresse sur la fameuse butte Montmartre.
À droite, la lumière du soleil couchant exalte le plan en amphithéâtre et la majesté du palais de Chaillot.

gardes, tout en demeurant une vieille dame qui sait et saura toujours provoquer et séduire. Mais Paris, c'est surtout un état d'âme, un monde imaginaire, un grand rêve encore intact, une légende infinie qui vous serre dans son étreinte et agit sur vos sens. Capitale du monde et de l'âme. Dans le fond, on se rend à Paris sous prétexte de découvrir quelque chose de nouveau, mais, en réalité, on y va pour s'assurer que la tradition est toujours là ; l'esprit éternel et unique de cette métropole se situe justement à la frontière impalpable entre le passé et le présent.

10 La fontaine du Trocadéro, décorée et animée par les reflets du soleil sur la dorure de la tête de taureau et du chien de Paul Jouve.

10-11 Sur cette photo prise de l'Arc de Triomphe, Paris apparaît dans la lumière dorée du soleil couchant.

Contrairement aux autres capitales, qui donnent l'impression d'être stratifiées, Paris mêle intimement présent et passé : les quartiers du XVIIe siècle et l'avant-garde de la Défense, les trésors du Louvre et le défi des pyramides de verre, les Grands Boulevards et l'Opéra-Bastille, tant critiqué. Si une ville au monde peut se targuer d'avoir toujours été le berceau des avant-gardes, c'est bien Paris. C'est ici que les plus grandes révolutions politiques, culturelles, artistiques et sociales ont vu le jour, de la Réforme au french cancan, du cubisme à la révolte de mai 1968, de la mode à l'architecture ou au cinéma. À partir de la seconde moitié du XIXe siècle, presque tous les grands écrivains et peintres ont travaillé et rêvé à Paris : dans le monde entier, aucune autre ville ne peut en dire autant. Toutes ses rues conservent le souvenir d'aventures et de vies passionnantes vécues ici, des bohèmes qui ont habité les mansardes, ou des personnages qui ont préféré les somptueux hôtels particuliers, de tous ceux qui ont pleuré, ri, aimé, souffert, et surtout de ceux qui ont écrit tant de pages, tourné tant de films, sculpté tant de visages et peint tant de toiles

12-13 Le pont Alexandre-III est un des joyaux parisiens, grandiose et doré comme le voulaient les canons de la beauté architecturale de la Belle Époque. Pas moins de dix-sept artistes ont travaillé à sa décoration. Le tsar Nicolas II posa la première pierre de ce monument qui fut solennellement inauguré en 1900 et baptisé en hommage à son père, Alexandre III, qui s'était rapproché de la France.

14-15 Quand elle vit le jour, on cria au scandale : plus d'un siècle plus tard, la tour Eiffel – élevée à l'occasion de l'Exposition universelle de 1889 – s'est tellement bien intégrée dans le paysage parisien qu'elle est devenue le cœur et l'emblème de la capitale. La magie des jeux de perspective donne l'impression que la tour surgit des toits.

qu'ils sont entrés dans l'histoire même de Paris. C'est ici que Stendhal écrit – en cinquante-deux jours seulement – *la Chartreuse de Parme*, ici que s'installa Picasso et que s'établit Modigliani, d'abord rue du Delta, à Montmartre, puis à Montparnasse. C'est à l'église Saint-Roch qu'Alessandro Manzoni, touché par la foi, se convertit ; Casanova vécut rue de Tournon, Goldoni est mort rue Dussoubs et Chopin rendit son dernier soupir derrière la façade blanche d'un immeuble situé tout près de la place Vendôme.

À Paris, réalité et littérature ont toujours été intimement mêlées, comme dans un rêve inachevé. Les rues sont hantées par le souvenir des écrivains et des personnages nés de leur plume, fantômes d'un monde d'imagination pure.

Ils entrent et sortent par les portes cochères, arpentent les quais, s'arrêtent sous la lueur jaune des lampions – au cœur de la nuit – et bavardent doucement près des tilleuls de Saint-Germain-des-Prés. Tous unis dans un enchevêtrement de trames et d'époques différentes. L'atmosphère de Paris, c'est le murmure de ces ombres et la certitude que la ville nous réserve quelque chose de nouveau : une aventure, une joie, un plaisir, une émotion. Avec ses toits décolorés, hérissés de cheminées, ses parcs romantiques, le panorama du haut de la tour Eiffel et les quais de la Seine au coucher du soleil, Paris révèle tout ce qui fait sa célébrité, et s'offre au touriste dans toute la force de sa séduction. Mystérieux, il sait aussi accueillir toutes les folies du monde.

Mais Paris, c'est aussi la capitale de la télématique et de la vie frénétique, une ville pleine à craquer, lieu de l'éphémère et des prix exorbitants.

En réalité, existe-t-il une mégalopole moderne qui ne vive pas de ses éternelles contradictions ? Mais Paris a toujours eu l'exclusivité de la séduction totale, et, inconsciemment, on est contaminé par son infinie et infatigable joie de vivre.

16-17 Cette magnifique vue aérienne permet d'admirer les anciennes structures urbanistiques et les principaux monuments de Paris ; on reconnaît notamment l'île de la Cité et l'île Saint-Louis, cœur historique de la ville.

1 ARC DE TRIOMPHE
2 PALAIS DE CHAILLOT
3 TOUR EIFFEL
4 GRAND PALAIS
5 PLACE DE LA CONCORDE
6 MUSÉE D'ORSAY
7 ASSEMBLÉE NATIONALE
8 LES INVALIDES
9 MONTPARNASSE
10 INSTITUT DE FRANCE
11 PALAIS DE JUSTICE ET SAINTE-CHAPELLE
12 SÉNAT

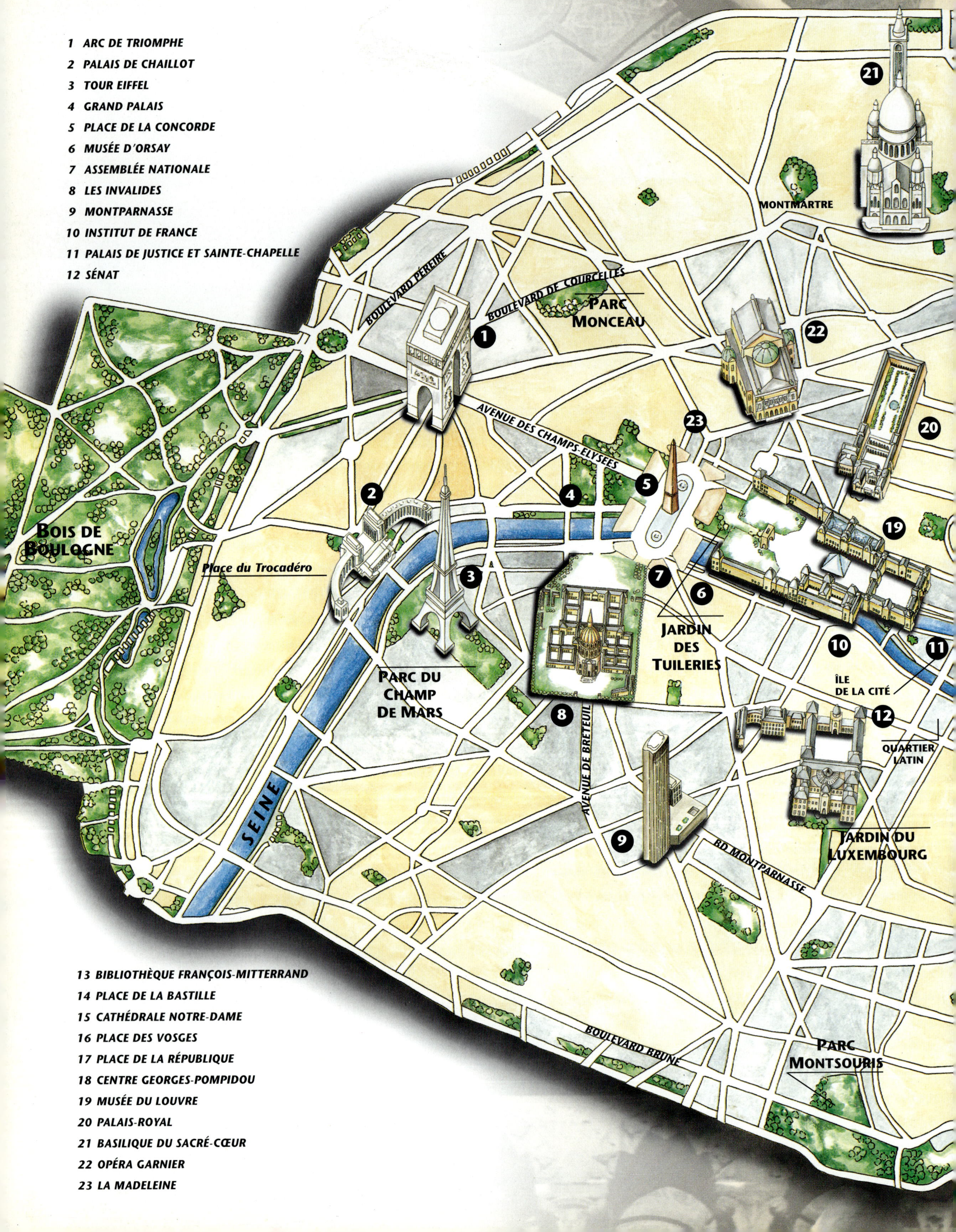

13 BIBLIOTHÈQUE FRANÇOIS-MITTERRAND
14 PLACE DE LA BASTILLE
15 CATHÉDRALE NOTRE-DAME
16 PLACE DES VOSGES
17 PLACE DE LA RÉPUBLIQUE
18 CENTRE GEORGES-POMPIDOU
19 MUSÉE DU LOUVRE
20 PALAIS-ROYAL
21 BASILIQUE DU SACRÉ-CŒUR
22 OPÉRA GARNIER
23 LA MADELEINE

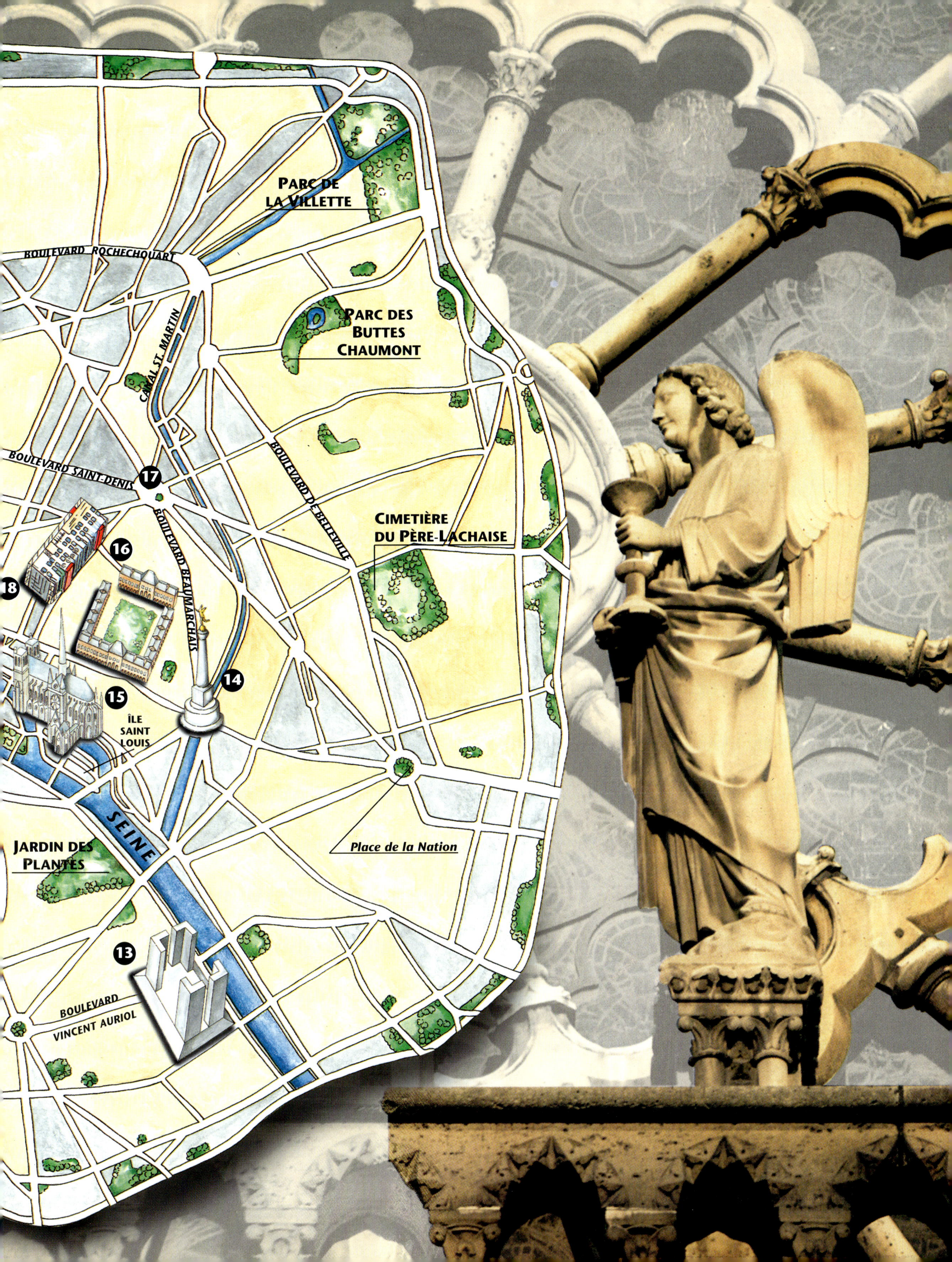

Parc de la Villette
Boulevard Rochechouart
Parc des Buttes Chaumont
Canal St. Martin
Boulevard Saint-Denis
Boulevard de Belleville
Cimetière du Père-Lachaise
17
16
Boulevard Beaumarchais
14
15
Île Saint Louis
Seine
Place de la Nation
Jardin des Plantes
13
Boulevard Vincent Auriol

UNE GRANDEUR INALTÉRABLE AU COURS DES SIÈCLES

20-21 Reconstitué d'après les œuvres de César et de Strabon, ce plan de l'antique Lutetia *montre le tout premier noyau de la ville qui se développa sur un îlot de la Seine, la future île de la Cité. Sur la terre ferme, la plaine était entièrement recouverte de forêts.*

Bijoux, vases, bibelots, colliers, haches, poignards, statuettes et bien d'autres objets ont été retrouvés durant ces deux derniers siècles au cours de fouilles archéologiques qui ont permis de comprendre les étapes décisives de la naissance de Paris. Le fameux *oppidum* romain a ainsi livré ses nombreux secrets : l'emplacement des principaux axes de la ville, les fondations du *forum*, les vestiges du *capitolium*, du théâtre et des arènes. Près de Bercy, dans le XIIe arrondissement, à l'occasion de la construction d'un parc de stationnement souterrain, on a découvert l'existence d'un village du néolithique, après avoir mis au jour plusieurs pirogues en bois et deux cent cinquante vases de l'âge du bronze. Les fouilles de la rue Pierre-et-Marie-Curie ont permis de découvrir un four gallo-romain presque intact, tandis que le sous-sol de Notre-Dame a livré une partie des enceintes et une colonne votive dédiée à Jupiter par la corporation des Nautes sous le règne de Tibère. Par ailleurs, les recherches menées dans le Quartier latin ont contribué à faire connaître la topographie de l'antique Lutèce, la ville gallo-romaine construite sur les vestiges de l'ancienne bourgade des *Parisii*. En 52, César envoie un centurion auprès de cette communauté installée dans de simples cabanes sur un îlot, au beau milieu de la Seine, pour déclarer la guerre à son chef, Camulogène. Les Gaulois essuient une défaite cuisante. Une ville romaine appelée *Lutetia* voit alors le jour sur ce qui reste de l'ancien village et sur cet îlot en forme de berceau qui deviendra l'île de la Cité : le *cardo* principal suit plus ou moins le tracé de l'actuelle rue Saint-Jacques, et un des *decumani* mène probablement aux bateaux qui mouillent le long des rives de la Seine. Bref, Paris est né. « La grève de cette île fut la première

20 AU CENTRE
Au fil des siècles, la naissance de Paris a inspiré aux artistes des gravures, des estampes, des peintures et des bas-reliefs qui ont retracé les origines lointaines de la ville. Sur cette gravure extraite de Paris à travers les siècles, *de l'historien G. de Genouillac, une vue de l'antique* Lutetia.

20 EN HAUT ET EN BAS
Les premiers habitants de la future Ville lumière étaient les Parisii, *une peuplade rude et primitive, si l'on en juge par les gravures qui représentent ces hommes et ces femmes occupés à leurs travaux quotidiens.*

21 EN HAUT
En 1878, dans son œuvre Paris à travers les siècles, *Genouillac représente ainsi les Gaulois et les chevaliers qui habitaient Paris au Ier siècle après Jésus-Christ.*

22 EN BAS
Dans de nombreux quartiers de Paris, on a retrouvé des traces de l'ancien oppidum *avec le* cardo *principal et un des* decumani *qui, probablement, conduisait tout droit aux bateaux, le long des rives. Les découvertes archéologiques nous ont aussi raconté comment un petit village du néolithique a pu devenir la Ville lumière. D'un arrondissement à l'autre, les chantiers de fouilles sont une occasion intéressante de voyager dans le temps.*

enceinte, écrit Victor Hugo dans *Notre-Dame de Paris.* Paris demeura plusieurs siècles à l'état d'île, avec deux ponts, qui étaient à la fois ses portes et ses forteresses, le Grand-Châtelet sur la rive droite, le Petit-Châtelet sur la rive gauche. Puis, dès les rois de la première race, trop à l'étroit dans son île, et ne pouvant plus s'y retourner, Paris passa l'eau. Alors, au-delà du Grand, au-delà du Petit-Châtelet, une première enceinte de murailles et de tours commença à entamer la campagne des deux côtés de la Seine. [...] Peu à peu, le flot des maisons, toujours poussé du cœur de la ville au-dehors, déborde, ronge, use et efface cette enceinte. » La succession des guerres civiles et les invasions barbares n'empêchent pas Rome d'exercer son pouvoir pendant des siècles sur toute la région et sur une bonne partie de la France. Selon la légende, le premier évêque de Paris – saint Denis – meurt en martyr en 250 sur la colline qui deviendra la butte Montmartre, mais le christianisme continue néanmoins à se répandre dans toute la communauté.

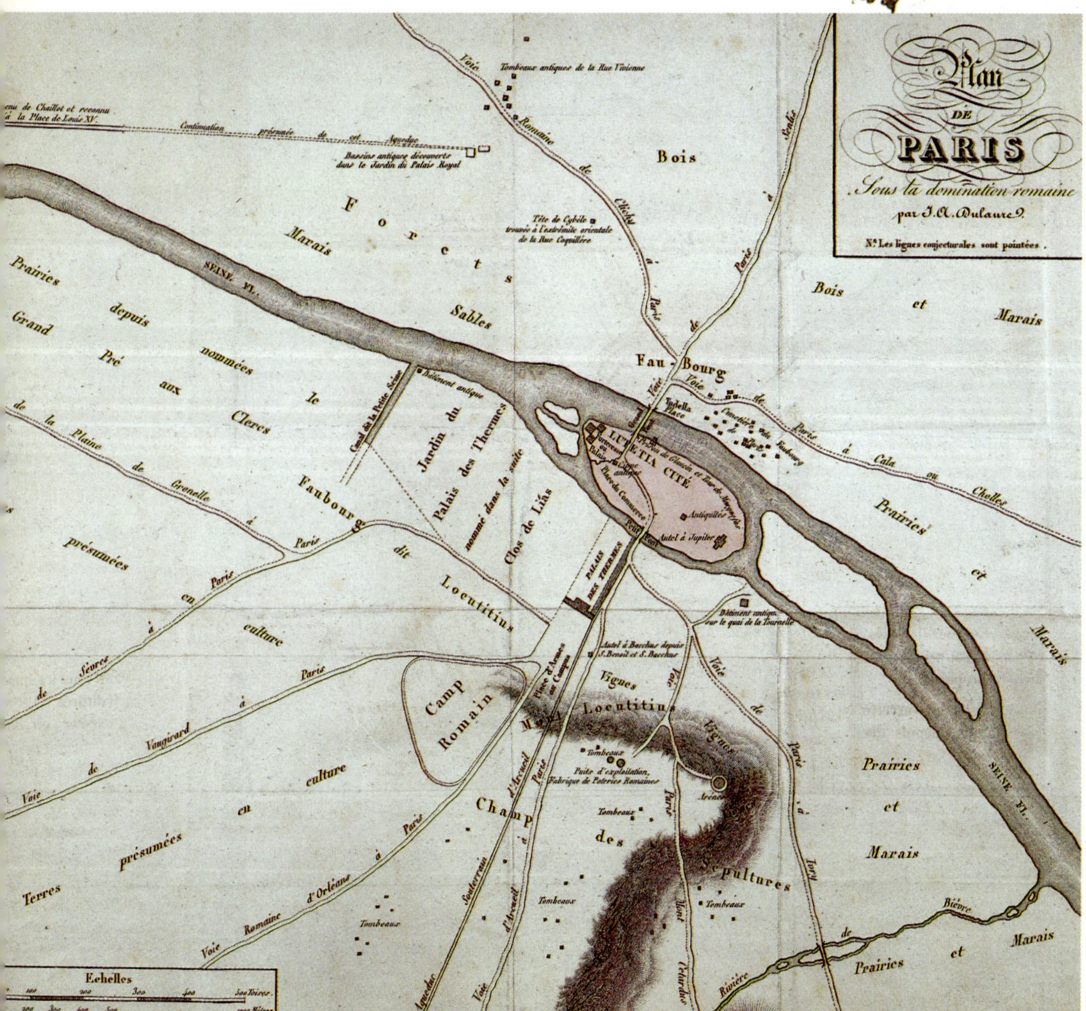

À partir de 275, la menace des invasions barbares met à dure épreuve les capacités défensives de l'*oppidum.* Au IVe siècle, la ville fortifiée – déjà très peuplée – est protégée par la flotte romaine déployée le long de la Seine, par une petite armée bien équipée et par de puissants remparts. Pendant plus d'un siècle, les maisons s'entassent les unes sur les autres, et les rues deviennent de plus en plus étroites, blotties à l'abri de la muraille, flan-

22 EN HAUT
Toutes les époques ont donné à Paris des personnages qui ont fait son histoire et sa légende. En 250, le premier évêque de la cité, saint Denis, était victime de l'hostilité des prêtres païens que l'on voit sur ce parchemin. Ils envoient des messagers à Rome pour obtenir de l'aide. Saint Denis mourra en martyr.

23 À GAUCHE
C'est en 275 qu'arrivent les premières hordes de Barbares provenant des régions d'outre-Rhin. Menacé, Paris se replie derrière ses fortifications, mais Attila, fléau de Dieu, comme nous le rappelle cette peinture du XIXe *siècle, l'assiège en 451.*

23 À DROITE
Parfois, la légende prend le pas sur l'histoire : ce serait grâce à l'intervention divine implorée par la jeune Geneviève, représentée ici par Léon Royer dans le Petit Journal, *qu'Attila aurait renoncé à piller la ville assiégée et serait reparti vers le sud.*

quée de tours hautes et solides. Au Ve siècle, la ville oppose une résistance efficace aux assauts d'Attila, soutenue par l'intervention divine de la jeune Geneviève, qui exhorte la population à résister par la prière. Comme par miracle, Attila renonce et conduit ses hommes vers le sud : *Lutetia*, qui s'appelle maintenant Paris, est sauvé. Par la suite, Geneviève sera canonisée et déclarée patronne de la ville : sa petite effigie en marbre clair domine le pont de la Tournelle. Vers la fin du Ve siècle, l'histoire des Francs se mêle à celle de la Gaule romaine. Vainqueur des Romains à Soissons, Clovis se rend maître de la Gaule. Marié à Clotilde la Sainte, il se convertit au christianisme en 496 avec toute son armée, se fait sacrer roi des Francs (d'où le nom de la France) et fixe la capitale du royaume sur les rives de la Seine. À cette époque, les églises en construction se multiplient dans tout Paris : neuf sur la rive gauche et trois sur la rive droite. Clovis fait bâtir celle des Saints-Apôtres Pierre et Paul, qu'il choisit comme lieu de sépulture, et où, quelque temps plus tard, seront déposées les reliques de sainte Geneviève. Childebert, un de ses fils qui régnera quarante-sept ans, fait élever à son tour la plus grande église-cathédrale de toute la Gaule mérovingienne, consacrée à saint Étienne et Notre-Dame, et richement décorée. Il en érige une autre, où l'on inhuma saint Germain, évêque de Paris à la fin du VIe siècle, et sur les fondations de laquelle s'élèvera plus tard l'abbaye de Saint-Germain-des-Prés. Les Mérovingiens conquièrent ainsi presque toute la Gaule romaine, mais, dès le début du VIIe siècle, les désordres, les mœurs dissolues de la cour, l'absence d'un véritable plan politique, les divi-

24 EN HAUT
Avec leurs casques et leurs cuirasses, ces guerriers de l'époque de l'alliance entre les Francs et les Gaulois illustrent bien les mœurs et coutumes de la ville mérovingienne. Clovis établit la capitale de son royaume sur les rives de la Seine.

24 AU CENTRE, À GAUCHE
Après la victoire sur les troupes romaines à Soissons, Clovis (481-511) se rend maître de la Gaule et se convertit au catholicisme. Cette illustration extraite des Grandes Chroniques de France *le montre le jour de son sacre à la cathédrale de Reims.*

24 AU CENTRE, À DROITE
Extraite de Paris à travers les siècles, *cette gravure représente Clovis porté en triomphe par ses hommes.*

24 EN BAS
Sur cette illustration de 1541, le roi Pépin reçoit, des mains de saint Boniface, la couronne de France, en 751.

25 EN HAUT
Sur ce tableau de Julius Schorr von Carolsfeld, Charlemagne entre triomphant à Paris. En fait, l'empereur y résida bien peu, lui préférant Rome et Aix-la-Chapelle.

25 EN BAS, À GAUCHE *En 751, après la déposition du dernier Mérovingien, Childéric III, Pépin monte sur le trône, avant de le laisser à son fils Charlemagne, en 768. Dans ce tableau très célèbre, Albrecht Dürer a peint Charlemagne revêtu du manteau royal et portant les attributs du pouvoir. Charlemagne délaissa Paris qui, vers la fin du* IXe *siècle, fut pillé plusieurs fois par des hordes de Normands. La Cité sortit indemne d'un long siège, mais, sur la rive gauche, la ville romaine a été rasée.*

25 EN BAS, À DROITE *Cette gravure du* XVe *siècle montre l'île de la Cité à l'époque de Charlemagne ; la ville s'était déjà beaucoup développée.*

sions du royaume et les luttes intestines entraînent le déclin de la dynastie. En 751, après la déposition du dernier souverain mérovingien Childebert III, Pépin s'empare du trône et fonde la dynastie des Carolingiens. Son fils, Charlemagne, établit les capitales de son empire à Rome et à Aix-la-Chapelle ; aussi ne séjourne-t-il que rarement dans la ville de Clovis. Mal défendu et abandonné par les derniers Carolingiens, Paris doit affronter une période très difficile : au cours du IXe siècle, il est ravagé et incendié à plusieurs reprises par des pillards normands. Les faubourgs sont détruits, et la ville se replie dans la Cité ; quant à l'antique *oppidum* romain, il disparaît. En 987, les Capétiens entrent en scène avec Hugues Capet. Paris a presque

26 EN HAUT, À GAUCHE
Avec la dynastie des Capétiens – de gauche à droite, Hugues Capet, Robert et Constance – Paris retrouva son rang de capitale et redevint siège du pouvoir. La ville s'étendit à vue d'œil, le commerce des étoffes avec la Flandre et du poisson avec le nord du pays favorisa l'essor de la rive droite.

26 EN HAUT, À DROITE
Sur cette miniature du XIVe siècle, Louis VI le Gros (1108-1137) assista à la construction d'un édifice. Il décida de résider dans le palais de la Cité, sur l'île où maisons et boutiques commençaient à se multiplier.

26-27 Comme on le voit sur cette gravure de la ville médiévale, autour de l'an mille, Paris était déjà étendu et prospère.

27 EN HAUT
Mère de saint Louis, Blanche de Castille fut régente pendant la minorité de son fils et continua à s'occuper des affaires du royaume.

27 À DROITE
En 1180, Philippe II Auguste (1180-1223) monte sur le trône et entreprend la construction d'une nouvelle enceinte fortifiée pour protéger la ville.

mille ans et, avec ses riches abbayes, sa foire annuelle et ses marchés, retrouve son rôle de capitale du royaume. Louis VI le Gros (1108-1137) s'installe dans le palais de la Cité, l'île où naquit la ville et où l'on bâtit de plus en plus. En 1163, l'évêque Maurice de Sully entreprend la construction de Notre-Dame, sur l'emplacement de l'ancienne église mérovingienne de Childebert Ier, et, en 1180, Philippe Auguste enserre Paris dans une nouvelle muraille fortifiée hérissée de tours hautes et puissantes. Pour résister aux assauts du roi d'Angleterre, il fait élever la forteresse du Louvre, qui deviendra bientôt une résidence royale ; par ailleurs, il donne une nouvelle impulsion aux halles des Champeaux, le célèbre marché parisien installé par Louis VI le Gros en ce lieu qui deviendra les Halles. En quelques décennies, la ville, avec ses quatorze paroisses, ne tient plus dans la nouvelle enceinte de Philippe Auguste. Le Paris médiéval s'étend désormais sur la rive droite, avec ses activités marchandes et ses grandes artères : les tissus arrivent de Flandre par la rue Saint-Denis, le blé par la rue Saint-Honoré, le poisson breton et normand entre par la rue des Poissonniers. Sur la Seine, la voie de communication la plus naturelle et immédiate pour tous les trafics commerciaux, on assiste à un va-et-vient incessant de péniches et de bateaux. « Les maisons enfin sautent par-dessus le mur de Philippe Auguste, nous dit

Victor Hugo, et s'éparpillent joyeusement dans la plaine, sans ordre et tout de travers, comme des échappées. »
L'origine des bourgs parisiens remonte à cette époque, et elle est liée à l'extension des quartiers habités autour des premières paroisses de la ville, comme Saint-Germain-l'Auxerrois, Saint-Merri, Saint-Jacques-la-Boucherie, Saint-Nicolas-des-Champs. En revanche, la rive gauche est presque abandonnée. Les flancs de la montagne Sainte-Geneviève sont transformés en terrains agricoles appartenant aux moines des grandes abbayes comme celle de Saint-Germain-des-Prés, située tout près et déjà prospère.
Le règne de Louis IX, le roi saint Louis, voit s'ériger un nouveau palais, la Sainte-Chapelle et de nombreuses églises. La noblesse est épuisée par les croisades en Terre sainte et par la lutte contre les cathares. Instituée et reconnue par une bulle du

pape Innocent III lui-même, l'université assure à la ville un vaste rayonnement intellectuel qui va bien au-delà des frontières du royaume. En 1257, Robert de Sorbon fonde un collège – auquel il donnera son nom – pour l'enseignement de la théologie, du droit, de l'art et de la médecine. À son tour, Charles V fait construire la Bastille et une nouvelle enceinte sur la rive droite pour tenter de contenir les nouveaux quartiers, mais celle-ci se révèle vite insuffisante, car cette partie de Paris se développe très rapidement.

Au XVe siècle, Paris s'est donc étendu bien au-delà des cercles concentriques qui, depuis le préfet des Gaules Julien l'Apostat, se sont succédé pour tenter de le défendre des agressions extérieures.

Mais le règne de Charles V n'est qu'une brève accalmie. Et le XIVe siècle est pour Paris une période très difficile. En 1348, la Peste noire décime la population, qui est à l'époque d'environ deux cent mille habitants. La lutte pour le trône de France que se livrent les Capétiens et le souverain anglais Édouard III Plantagenêt s'intensifie.

28 À GAUCHE
Accompagné de sa mère Blanche de Castille, saint Louis se rend à Notre-Dame. Saint Louis rentre dans la catégorie des saints laïques. En politique, il se voulut un souverain chrétien idéal, et ses vertus se sont exprimées à travers son pouvoir, sa sagesse et sa bonté.

28 À DROITE
Saint Louis devant saint Jean-Baptiste. À l'arrière-plan, on aperçoit les tours de Paris.

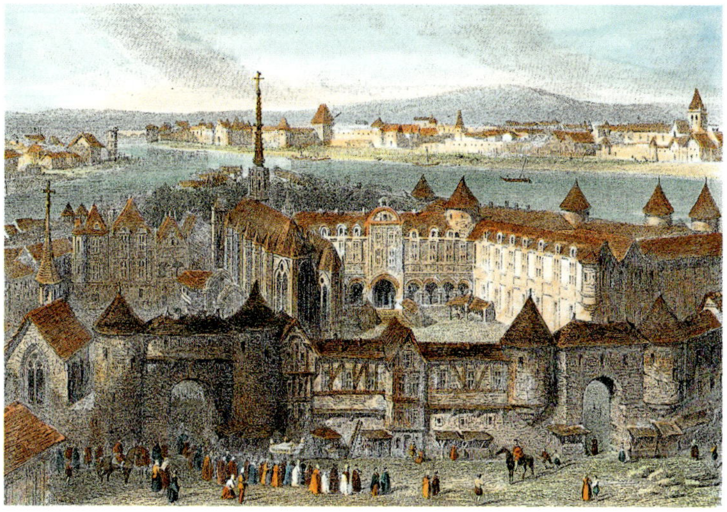

29 Charles V, dit le Sage, est ici représenté par Bernard Van Orley (en haut à droite). Habile réorganisateur des finances et de l'armée, Charles V parvint, à la reprise de la guerre contre les Anglais, à limiter les possessions de l'ennemi à quelques forteresses le long des côtes. Encore dauphin, il avait dû affronter la première révolte parisienne dirigée par Étienne Marcel, porte-parole du peuple mécontent. Quand il monta sur le trône, Charles se souvint de cette première rupture entre le pouvoir royal et la capitale. Aussi décida-t-il de quitter la Cité (en haut, à gauche), de faire construire la Bastille et d'achever une nouvelle enceinte fortifiée sur la rive droite, qui longeait la Seine puis faisait un angle droit et remontait vers l'actuel Carrousel. Le Louvre (en bas) n'était plus une forteresse, mais se transformait en résidence royale, à laquelle Charles V se consacra beaucoup. Il fit surélever le palais, embellir les fenêtres et ajouter des statues pour décorer l'intérieur. Il installa dans une des tours sa riche bibliothèque, et sa collection d'œuvres d'art dans les grands salons. Il fit également créer de beaux jardins avec portiques et pavillons.

30 EN HAUT Fils aîné d'Édouard II et d'Isabelle de France, Édouard III est ici vêtu de ses habits de cour. Il épousa une princesse de Hainaut et monta très jeune sur le trône d'Angleterre après l'abdication de son père. Vu son jeune âge, il régna d'abord sous la tutelle de sa mère et de Roger de Mortimer. En 1330, Édouard III se débarrasse de Roger de Mortimer par un coup d'État et fait arrêter sa mère, qu'il gardera prisonnière jusqu'à sa mort. À la mort de Charles IV, Édouard III revendiqua la couronne de France, ce qui déclencha la guerre de Cent Ans.

La guerre de Cent Ans (1337-1453) éclate après toute une série de désordres qui se produisent dans la capitale, orchestrés par des meneurs d'hommes légendaires répondant au nom de Caboche et Capeluche, qui, de 1413 à 1418, plongent Paris dans un véritable climat de terreur. Fuyant les émeutes, le dauphin et futur Charles VII se réfugie à Tours à la mort de son père, Charles VI, inaugurant ainsi le début de l'exil doré des souverains de France dans les pays de la Loire, dont les magnifiques châteaux seront, pendant plus d'un siècle, les « capitales » du royaume. Entrés à Paris en 1420, les Anglais placent Henri VI d'Angleterre, encore enfant, sur le trône de France à la mort de Charles VI, en 1422. Au moment où ces derniers semblent devoir gagner la guerre, une jeune campagnarde nommée Jeanne d'Arc rallie les troupes françaises et prie Charles VII, réfugié à Chinon, de la laisser marcher à la tête de son armée. Elle accomplit alors un miracle. Elle libère Orléans, parvient à faire sacrer le

30 EN BAS
Cette miniature du XVe siècle représente un combat entre chevaliers pendant la guerre de Cent Ans. Paris a souffert de l'occupation anglaise, des ravages provoqués par le conflit, et de la crise économique. À cela s'est ajoutée, en 1348, la Peste noire, qui a décimé la population de Paris, comptant environ deux cent mille habitants.

roi Charles VII à Reims. Accusée de sorcellerie par les Anglais, Jeanne d'Arc meurt sur le bûcher. L'ennemi est en déroute, Charles VII entre triomphalement dans la capitale et ceint la couronne royale. Les Anglais quittent le sol français en 1453.

Victor Hugo écrit également : « Au XVe siècle, Paris était encore divisé en trois villes tout à fait distinctes et séparées, ayant chacune leur physionomie, leur spécialité, leurs mœurs, leurs coutumes, leurs privilèges, leur histoire : la Cité, l'Université, la Ville.

31 À GAUCHE
À la mort de Charles VI, les Anglais – qui occupaient Paris depuis 1420 – mirent Henri VI d'Angleterre, encore enfant, sur le trône de France. Mais un personnage de légende entre alors en scène. On l'appelle la Pucelle d'Orléans. Cette jeune rebelle, que l'on voit ici combattre devant la porte Saint-Honoré, se dit envoyée de Dieu et prétend ramener Charles VII, réfugié à Chinon, à la tête du royaume de France. Arrivée à Chinon le 9 mars 1429, Jeanne d'Arc est conduite auprès du roi. Devant le souverain, elle dit : « Je m'appelle Jeanne, le roi des Cieux m'envoie vous dire que vous serez couronné roi des Français en la cathédrale de Reims. »

31 À DROITE
Une miniature de l'époque immortalise Charles VII sur le trône de France, entouré de quelques membres de la cour.

[...] Chacune des trois grandes divisions était une ville, mais une ville trop spéciale pour être complète, une ville qui ne pouvait se passer des deux autres. » À cette époque, la Seine a cinq îles, toutes dans l'enceinte de Paris. Vus d'en haut, ces quartiers sont des lacis inextricables de ruelles tortueuses d'où jaillit le gothique flamboyant des églises et des palais.

Sous Charles VIII, et plus tard sous François Ier, la Renaissance italienne franchit les Alpes, et son influence architecturale et culturelle atteint bientôt les rives de la Seine.

Jusqu'à présent, la capitale du royaume de France était plutôt homogène, pur produit de l'architecture et de

32 EN BAS
C'est sous le règne de Charles VIII, dernier représentant de la branche des Valois, que la Renaissance pénétra en France. Comme le montrent ces gravures qui représentent l'abbaye de Saint-Germain-des-Prés et le Louvre (à gauche), et un palais en construction (à droite), l'architecture était déjà fort appréciée à Paris, et la capitale française était prête à accueillir les nouvelles idées venues d'Italie.

32 EN HAUT
Charles VIII, représenté par un peintre de l'époque. Fils de Louis XI, il succéda à son père en 1483 et régna d'abord sous la régence de sa sœur Anne de Beaujeu. En 1491, il épouse au château de Langeais la très jeune duchesse Anne de Bretagne, qui n'a alors que 15 ans. Poussé par ses conseillers, il décide de partir en Italie en 1494 pour annexer le royaume de Naples. Son expédition commença très bien, mais le souverain dut vite renoncer à la ville, où les pressions de la ligue contre les Français étaient très fortes. Il remonta alors toute la péninsule et regagna la France.

l'histoire médiévales. Désormais, cette unité sévère va se mêler au luxe éblouissant du style de la renaissance et sera adoucie par la présence d'arcs en plein cintre, de colonnes grecques et de feuilles d'acanthe. C'est l'époque de la construction de l'hôtel Carnavalet, de la fontaine des Innocents, du Pont-Neuf et des Tuileries.

En 1528, François Ier décide de ramener la cour à Paris, après l'exil au bord de la Loire, et de confier la restructuration complète du Louvre à l'architecte Pierre Lescot.

C'est l'époque où un moine franciscain, retiré dans un prieuré près de Tours, s'en prend à tout le monde, écrivant contre les moines, l'Église, le pape, les princes, la politique, etc. Il s'appelle Rabelais. Pendant ce temps, Calvin et sa Réforme font des adeptes, et, à Paris, les premiers à se laisser séduire par ces nouvelles idées sont les marchands, les princes et les intellectuels. On est à la veille des guerres de Religion, et des conflits fratricides vont se déchaîner. En 1572, les huguenots sont massacrés au cours de la terrible nuit de la

33 EN BAS, À GAUCHE ET À DROITE
Paris sous le règne de François Ier : la capitale foisonnait de tours et de clochers, et possédait aussi beaucoup de parcs. On ne se servait pas tellement de carrosses et de chars à bœufs pour les activités marchandes dans la ville, mais de bateaux.
Paris était déjà une ville fort importante au XVIe siècle.

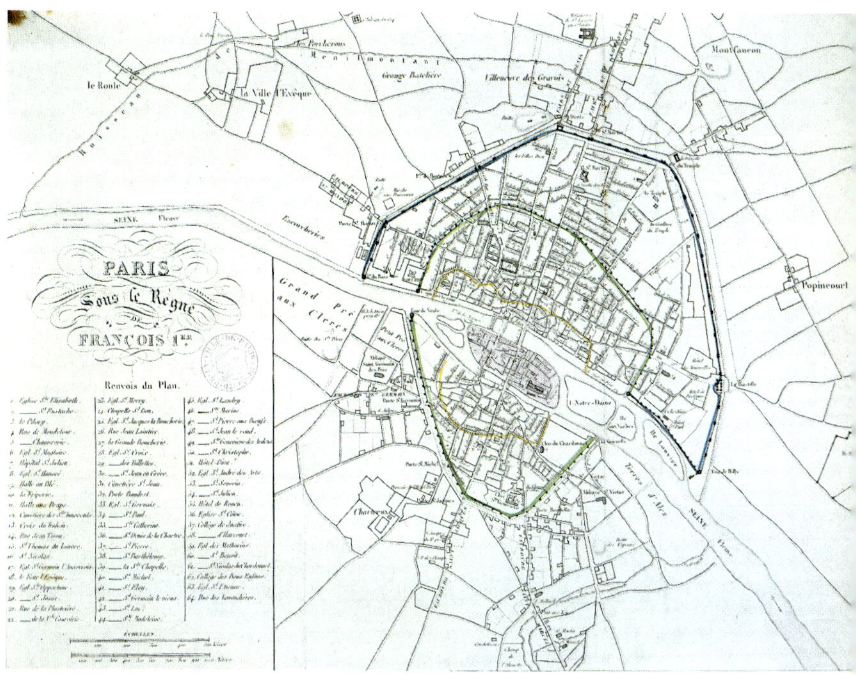

33 À GAUCHE, EN HAUT
François Ier, portant de riches vêtements damassés, s'installe officiellement à Paris en 1528. Il confia l'extension du palais du Louvre à l'architecte Pierre Lescot et fit construire un hôtel de ville digne de la grandeur de la capitale française. Grand et plutôt beau, adulé par ses courtisans, aimé des femmes, ce guerrier téméraire a toujours considéré Charles Quint comme son ennemi depuis que celui-ci avait réussi à s'adjuger le Saint Empire. Les deux monarques se rencontrèrent à plusieurs reprises, mais sans parvenir à faire quoi que ce soit de positif pour la paix en Europe. Toutefois, l'ambition de François Ier fut satisfaite quand, au cours d'une visite à Paris, l'empereur exprima son admiration pour cette ville qui lui semblait grande comme le monde.

34 EN HAUT
Petite-fille de Laurent le Magnifique, fille de Laurent II de Médicis, duc d'Urbino, et de Madeleine d'Auvergne, princesse de France, Catherine de Médicis (que l'on voit ici alors qu'elle était jeune) eut trois fils rois de France et connut un destin parmi les plus illustres de toute l'histoire. Elle vécut à un siècle qui méla splendeur et horreur. Élevée à Florence, elle fut envoyée très jeune en France pour épouser Henri d'Orléans, fils de François Ier. Son mari ne l'aima jamais, lui préférant manifestement la maîtresse qu'il garda toute sa vie, Diane de Poitiers. Bien que méprisée parce qu'elle était étrangère et dépourvue de sang royal, Catherine régna en quelque sorte pendant trente ans à travers ses trois fils, qui se succédèrent sur le trône de France. Plusieurs fois, sa vie fut en danger, mais elle affronta ces risques avec courage.

34-35 Une des plus grandes qualités de Catherine de Médicis était la tolérance religieuse ; c'est pourtant elle qui ordonna le massacre de la Saint-Barthélemy, dans la nuit du 24 août 1572. François Dubois représente ici cet épisode tragique, au cours duquel des milliers de huguenots furent exterminés.

35 CI-DESSOUS
Cette gravure illustre un moment difficile pour la France, quand, le 12 mai 1588, la capitale fut envahie par les barricades et connut des émeutes sanglantes, conséquences du conflit religieux.

35 À GAUCHE
Cette fresque que Giorgio Vasari réalisa pour la Sala Regia du Vatican illustre la terrible nuit de la Saint-Barthélemy, et la justification de Charles IX devant le Parlement.

Saint-Barthélemy, ordonnée par la reine Catherine de Médicis en personne. C'est un moment fort difficile pour la France et pour le roi huguenot Henri IV, qui, pour entrer à Paris en 1594 finit par abjurer la religion protestante et se convertit au catholicisme, prononçant la célèbre phrase « Paris vaut bien une messe ». Il rénove la capitale, l'embellit et la fait renaître de ses cendres, car elle représente aussi l'idéal d'une civilisation

urbaine qu'éclaire la splendeur du roi et de sa cour. Nous sommes à l'aube du Grand Siècle : Descartes fait discuter les savants de tout le monde occidental, et on commence à créer les premières grandes places royales : la place Dauphine et la place Royale (future place des Vosges) où s'installe bien vite la haute noblesse.

Après le règne de Louis XIII (1610-1643), dominé par la personnalité controversée du premier ministre Richelieu, un enfant de cinq ans monte sur le trône de France. C'est Louis XIV (1643-1715), le Roi-Soleil, qui prononcera une formule restée fort célèbre : « L'État, c'est moi. » C'est lui qui fait abattre les anciennes fortifications de Paris, remplacées par de grandes artères ; en outre, il ordonne

35 CI-DESSUS
Pour sauver le trône, Henri IV se convertit au catholicisme. Il entreprit de reconstruire la ville, fit ouvrir les premières grandes places et reprit les travaux au Louvre et aux Tuileries. Il inaugura le Pont-Neuf, développa le quartier du Marais et l'île de la Cité. Il fit aussi tracer la place des Vosges, conçue à l'origine pour des concours équestres, et la haute noblesse occupa bien vite les magnifiques palais aux façades de brique rose.

36 À GAUCHE *Un célèbre portrait de Louis XIII, roi de France et de Navarre (en haut). Ce souverain fit de Paris une grande capitale. Il décida lui-même quelques constructions et laissa toute liberté au cardinal de Richelieu, que l'on voit (en bas) dans ses fonctions de prélat. Ce dernier fit bâtir le palais Cardinal, devenu ensuite le Palais-Royal.*

36-37 ET 36 EN BAS Au XVIIe siècle, Paris est désormais très étendu. Le plan de la ville et la gravure, qui sont d'époque, montrent le développement de l'agglomération, protégée par la puissante enceinte fortifiée.

37 Ces gravures présentent certains aspects de la ville, qui est alors en plein essor. En haut, une vue admirable du Louvre et de la Seine à partir du Pont-Neuf; au centre, on reconnaît encore le Louvre, et, en bas, toujours la Seine, mais vue de l'île de la Cité. À cette époque, s'élève un nouveau quartier sur la rive gauche, entre l'université et le fleuve, tandis que les deux îles boueuses et inhabitées qui se trouvent tout près de la Cité sont réunies et loties.

l'aménagement de grands jardins publics, et, surtout, il fait bâtir l'immense château de Versailles, où la cour s'installe en 1682.

Louis XV (1715-1774) puis Louis XVI (1774-1791) vivent eux aussi à Versailles, mais ne négligent pas pour autant la capitale d'environ cinq cent mille habitants. Ils l'embellissent, font construire d'autres ponts sur le fleuve et raser le cimetière des Saints-Innocents – devenu un véritable foyer de

maladies et d'infections – pour y loger un grand marché. De grands ensembles sont aménagés : la place Louis-XV (actuelle place de la Concorde), l'École militaire et l'église Sainte-Geneviève (le Panthéon). Avec la guerre de Sept Ans (1756-1763), la France doit céder aux Anglais ses colonies prospères au Canada, aux Indes occidentales et en Inde, tandis que dans la capitale – désormais délaissée par le roi et la cour – les idées révolutionnaires se répandent comme une traînée de poudre.

Louis XVI, dont l'épouse Marie-Antoinette est autrichienne, succède à Louis XV dans une atmosphère d'hostilité à la monarchie. Le 5 mai 1789, les États généraux se réunissent à Versailles dans un climat d'attente messianique, convaincus que tout va pouvoir

38 Au XVIe siècle, Paris connut une époque de splendeur et de ferveur architecturale, malgré les ravages des guerres de Religion et de la Fronde. Louis XIV (à gauche, peint à côté des plans de sa future demeure) détestait la capitale, mais il ne la négligea pas pour autant, et lui donna en partie l'aspect que nous lui connaissons aujourd'hui. Mais il était très absorbé par son grand rêve de Versailles (ci-dessus). Quoi qu'il en soit, soixante couvents ont été construits au cours des premières décennies du siècle. Sous le règne du Roi-Soleil, grâce surtout à Colbert, devenu contrôleur général et surintendant des Bâtiments du roi, de nombreux édifices virent le jour, dont l'Observatoire et l'hôtel royal des Invalides, confié à l'architecte Hardouin-Mansart. Grand ami du roi, celui-ci l'assista et interpréta tous ses désirs pour la construction du château de Versailles.

39 EN HAUT ET EN BAS À GAUCHE
Louis XV (ci-dessous) fit remanier le palais des Tuileries : il fit construire de nouveaux escaliers, des galeries et des appartements, et décorer les jardins de massifs et de fontaines, les transformant en un des plus beaux éléments de tout cet ensemble. Ci-contre, le jardin des Tuileries, où des aristocrates et des élégantes s'écartent pour laisser passer le couple royal.

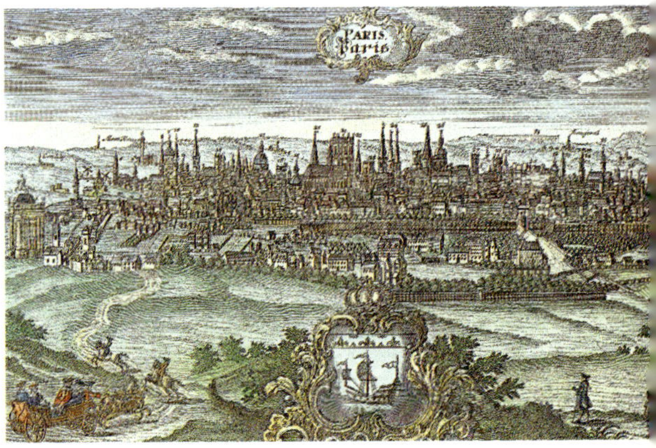

39 À DROITE
Tout autour des Tuileries, Paris devenait de plus en plus majestueux, comme on peut en juger par ces images qui nous présentent la Seine et Notre-Dame (en haut), et une vue du port près de la tour Saint-Jacques (ci-dessus).

40 à gauche
Louis XVI (représenté ici le jour de son couronnement) et son épouse Marie-Antoinette d'Autriche (on reconnaît le célèbre portrait que fit d'elle Élisabeth Vigée-Lebrun) furent au cœur de la tourmente qui bouleversa le pays. Dernière des quinze enfants et fille préférée de l'empereur Frédéric Ier et de Marie-Thérèse d'Autriche, Marie-Antoinette fut promise au dauphin de France alors qu'elle n'avait que douze ans.

changer rapidement. Après une fastueuse cérémonie d'ouverture, et avant d'entreprendre les travaux proprement dits, l'Assemblée s'enlise dans une question de procédure difficile à résoudre. Au moment des délibérations, allait-on voter par ordre ou individuellement ? Les représentants du tiers-état (moyenne et grande bourgeoisies), tout juste un peu plus nombreux que les deux autres ordres réunis (noblesse et clergé), défendent la seconde hypothèse face à l'opposition des aristocrates et de l'Église, qui voudraient faire passer la première pour s'assurer la victoire et confirmer leurs privilèges. On est apparemment dans une impasse quand, tout à coup, le tiers-état se proclame Assemblée nationale des Français, une décision très surprenante et fort importante pour l'avenir. L'intervention du souverain ne donnant aucun résultat, la noblesse et le clergé doivent s'incliner alors devant la volonté du tiers-état, et accepter des compromis. Le 9 juillet 1789, l'Assemblée nationale se déclare Assemblée nationale constituante, et les États généraux sont dissous. Espérant encore reprendre le contrôle de la situation, Louis XVI limoge son ministre d'État trop libéral, Necker, et ordonne un important déploiement de troupes autour de Versailles.

C'est l'étincelle qui va déclencher la Révolution : exaspéré par une brusque hausse du prix du pain et sensibilisé aux idées révolutionnaires, le peuple descend dans la rue le

40-41 Sur ce plan, on voit bien l'essor de Paris entre 1785 et 1789.

41 Tandis que Marie-Antoinette dépensait des sommes colossales pour ses plaisirs, le peuple se laissait gagner par les idées révolutionnaires. Le 5 mai 1789, les États généraux se réunirent à Versailles (en haut), dans un climat d'attente. Malgré la tension, l'Assemblée avait encore de bons espoirs de trouver des solutions aux problèmes du pays, mais les événements s'accélérèrent, et la Révolution éclata. Sur le tableau ci-dessus, le célèbre serment du Jeu de paume, prononcé le 20 juin 1789.

42 EN HAUT
La prise de la Bastille, épisode symbolique qui déclencha la Révolution, fut suivie d'un autre événement fondamental, à savoir la Déclaration des droits de l'homme et du citoyen, que l'on peut toujours lire au musée Carnavalet. Ses principes éternels eurent une influence très profonde dans tout le reste de l'Europe.

14 juillet 1789 et prend la prison de la Bastille, symbole de l'absolutisme. Immédiatement, un nouveau Conseil – la Commune – est nommé à la tête de la capitale, et remplace les anciens administrateurs – des aristocrates – par d'autres issus des rangs de la bourgeoisie. La Commune décide aussi la constitution d'une milice – appelée Garde nationale – et la confie au général La Fayette. La tourmente révolutionnaire souffle sur tout le pays. Après la Déclaration des droits de l'homme et du citoyen, les événements s'accélèrent.

Le 20 juin 1791, Louis XVI essaie de s'enfuir des Tuileries – où il est obligé de résider après avoir quitté Versailles – et de rejoindre des troupes fidèles qui l'attendent en Lorraine. Après avoir été reconnu à Varennes, il est arrêté, reconduit sous escorte à Paris et écroué à la tour du Temple. Condamné à mort, il est guillotiné le 21 janvier 1793.

La Révolution française, et tous les événements qui se déroulent après la mort du roi, laisseront des traces très profondes dans toute l'Europe. Après la bataille de Valmy (20 septembre 1792) et la victoire des jacobins sur les Austro-Prussiens, Goethe a des mots tout à fait révélateurs : « D'au-

43 À GAUCHE, EN HAUT
Les grandes personnalités de la Révolution ont beaucoup inspiré les artistes. Ici, on voit La Fayette sur le Champ-de-Mars, le 14 juillet 1790.

43 À GAUCHE, EN BAS
Le musée Carnavalet conserve de nombreux témoignages de la Révolution, comme ce symbole de la révolte qu'est la devise légendaire : « Liberté, Égalité ».

43 À DROITE, EN HAUT
À la suite de la révolte populaire, la famille royale dut quitter Versailles et revenir à Paris. En tant que prisonniers de la Révolution, le roi et son épouse ont été enfermés au Temple, puis guillotinés sur la place de la Concorde. Louis XVI est conduit à l'échafaud, le 21 janvier 1793.

43 À DROITE, EN BAS
Marat qui en 1789 avait entrepris de publier le journal l'Ami du peuple, *est ici porté en triomphe. Ses articles contre l'Assemblée eurent une grande influence sur les événements. Marat fut un des montagnards (les membres de l'Assemblée qui occupaient les bancs d'en haut) les plus actifs et présida le Club des jacobins. Il lutta ouvertement contre les girondins, avant de mourir poignardé par Charlotte Corday.*

jourd'hui et de ce lieu date une ère nouvelle dans l'histoire du monde. » Après la Révolution, le pays cherche des solutions à ses problèmes internes en s'engageant dans la guerre. Au début de 1796, le Directoire lance une grande offensive contre les Habsbourg. Napoléon Bonaparte prend le

42 EN BAS
La Déclaration des droits de l'homme et du citoyen fut perçue comme un évangile capable de libérer l'humanité. Conçue par les disciples des philosophes, elle s'adressait à tous les peuples et portait l'empreinte de la bourgeoisie. On y trouvait une multitude de restrictions et de conditions. Les droits civils furent accordés à tous les Français : protestants et juifs se voyaient reconnaître le droit de citoyenneté, l'esclavage était aboli – sauf dans les colonies –, et les droits politiques étaient réservés à une minorité.

44 EN HAUT, À GAUCHE Napoléon le jour de son sacre, portant la couronne de lauriers en or massif et revêtu de son long manteau de cérémonie doublé d'hermine.

44 EN HAUT, À DROITE Un triste épisode de la fulgurante carrière de Napoléon : l'adieu de l'Empereur à ses troupes et l'abdication, le 20 avril 1814.

44-45 Le célèbre tableau de David évoque le moment le plus solennel de la vie de Napoléon Bonaparte. À Notre-Dame, il est couronné empereur des Français. Le souverain porte une tunique de brocart brodée de petites abeilles d'or et un grand manteau doublé d'hermine. Sous le regard du pape Pie VII, il couronna également son épouse, Joséphine de Beauharnais, qu'il répudiera quelques années plus tard – malgré son amour sincère –, car elle ne pouvait lui donner d'héritier.

commandement de l'armée qui doit retenir les troupes autrichiennes en Italie, pendant que deux autres armées françaises attaquent l'Autriche à partir de l'Allemagne. Sombre, rude, sauvage, Bonaparte a quelque chose des bandits orgueilleux et des rebelles corses (il est né à Ajaccio en 1769), et sa carrière militaire et politique est fulgurante. À son retour de la campagne d'Égypte, il est élu Premier consul ; en 1804, à Notre-Dame, c'est le pape Pie VII lui-même qui le sacre empereur des Français. La cérémonie est somptueuse, digne d'un vrai roi : Napoléon porte une tunique brodée d'or et un grand manteau doublé d'hermine et orné d'abeilles dorées. Quatre dignitaires doivent l'aider à porter les quarante kilos de sa tenue. Sur la poignée de son épée brille le fameux diamant Pitt, tandis que sa couronne de lauriers – elle aussi décorée de diamants – a été réalisée par Biennais, le joaillier de la cour et a coûté quelque huit mille francs. Ce faste somptueux marque le début de la légende napoléonienne : l'Empereur déclare la guerre à une bonne partie de l'Europe, écrase les Autrichiens à Austerlitz, descend en Italie, puis affronte le terrible hiver russe dans l'espoir de forcer le tsar à plier le genou, mais là, il échoue. L'épopée napoléonienne se termine par un désastre. En mars 1814, les alliés entrent dans Paris : Russes, Prussiens, Cosaques et Autrichiens défilent sur les Champs-Élysées. Napoléon abdique et embarque pour l'île d'Elbe. Le congrès de Vienne redonne le trône de France aux Bourbons, mais, en mars 1815, l'ancien empereur quitte l'île d'Elbe, débarque dans le sud de la France et marche sur Paris. Les Cent-Jours le mènent dans la plaine de Waterloo : battu par les Anglais, il est exilé dans l'île lointaine de Sainte-Hélène –, où il mourra en 1821.

45 Voici deux épisodes des campagnes militaires napoléoniennes : les troupes russes campant sur les Champs-Élysées le 31 mars 1814 (en haut) ; l'entrée à Paris des puissances de la coalition (en bas).

46 CI-CONTRE
La Révolution n'a laissé aucun site important à Paris, sauf le Champ-de-Mars, où la Patrie célébrait ses rites. Les autorités ont pillé et confisqué, et elles dépossédèrent les ordres religieux et l'aristocratie de leurs terres, qui passèrent entre les mains de nouveaux spéculateurs. On constitua la commission des Artistes, chargée de remanier le plan d'urbanisme, mais sans grand résultat. Napoléon, sitôt nommé Premier consul, déclara : « Si l'on veut embellir Paris, il faut surtout démolir, plutôt que construire. Pourquoi ne pas abattre tout le quartier de la Cité, qui n'est plus qu'un amas de ruines bonnes pour les rats ? » Devenu empereur, il rêva de faire de Paris la plus belle ville du monde. Il fit percer la rue de Rivoli et réaménager les Halles. Quatre ponts furent construits, on éleva l'arc de triomphe du Carrousel, et on commença celui de l'Étoile ; le palais du Luxembourg (ci-contre) devint le siège du Sénat.

46 CI-DESSUS ET CI-CONTRE
Les grands programmes de rénovation et de reconstruction lancés par Napoléon Bonaparte prévoyaient aussi l'achèvement de l'église de la Madeleine (ci-dessus), inspirée de l'architecture des temples grecs. En outre, l'Empereur fit loger ses vieux soldats à l'hôtel des Invalides (ci-contre).

46-47 Représenté ci-dessous vers le milieu du siècle dernier, le Panthéon (l'église Sainte-Geneviève remaniée) accueille les sépultures des grands hommes de France.

47 CI-CONTRE *Deux célèbres églises de Paris : Saint-Sulpice (à gauche), qui, après Notre-Dame, est la plus grande de la capitale, et Saint-Étienne-du-Mont (à droite), dont la singulière architecture gothique révèle déjà une certaine ouverture aux idées nouvelles de la Renaissance.*

48 EN HAUT
Sous le règne de Louis XVIII, représenté ici le jour de son couronnement (à gauche), et à une fête donnée en son honneur au théâtre de l'Odéon en 1819 (à droite), on ne s'est pas beaucoup soucié de changer ou d'embellir la capitale.

48-49 Pour célébrer ses victoires militaires, Napoléon a fait ériger place Vendôme cette colonne, qui rappelle la colonne Trajane de Rome. Moulée dans le bronze des canons des ennemis écrasés à Austerlitz, elle est complètement recouverte d'une spirale de bas-reliefs historiés.

49 À GAUCHE, EN HAUT
Comme Louis XVIII, Charles X ne fit pas grand-chose pour donner à Paris de nouveaux monuments.

49 À DROITE, EN HAUT
Commencé sous Napoléon, l'Arc de Triomphe est achevé en 1819, sous Charles X.

49 À DROITE, EN BAS
Cette estampe de l'époque nous rappelle la cérémonie qui eut lieu le 25 octobre 1836 pour l'installation sur la place de la Concorde du grand Obélisque provenant de Louxor.

La Révolution a énormément pillé, saccagé et confisqué, mais elle n'a pratiquement rien édifié. Le Champ-de-Mars devient un grand espace patriotique où se déroulent les fêtes nationales et les exercices militaires.

Après le style précieux et sobre du règne de Louis XVI, et le néoclassicisme du Directoire, la gloire napoléonienne est célébrée au début du XIXe siècle à travers des architectures grandioses. En haut des Champs-Élysées, on commence l'arc de triomphe de l'Étoile, tandis qu'à l'opposé s'élève l'arc de triomphe du Carrousel qui célèbre les vertus militaires. On réaménage la rue de Rivoli et, au centre de la place Vendôme, on inaugure, le 15 août 1810, une colonne réalisée avec le bronze fondu des canons enlevés aux ennemis sur le champ de bataille d'Austerlitz. Symbole de la gloire impériale, celle-ci est ornée d'un bas-relief illustrant les hauts faits de la Grande Armée.

Le XIXe siècle se déroule dans l'instabilité politique et sous le règne des nouveaux souverains, Louis XVIII (1814-1815, 1815-1824) et Charles X. Cheveux longs, gilets rouges et chemises au vent, les romantiques chantent leurs rêves de liberté tout au long de leurs œuvres, et se plaisent à provoquer les conservateurs.

Le héros symbole de l'époque est Hernani, de Victor Hugo, qui lance son credo de la scène du Théâtre-Français au cours d'une soirée mémorable.

50 EN HAUT ET 50-51 Représenté ci-dessous alors qu'il reçoit des mains de Napoléon III le décret d'annexion des communes limitrophes de Paris, le baron Haussmann est le véritable concepteur de la capitale telle qu'on la verra au XIXe siècle. Il éventre et rase de vieux quartiers, en construit de nouveaux, trace de larges avenues plus à la mesure des nouvelles exigences de la circulation, et, en quelques années, le Paris médiéval, baroque, romantique, laisse place au Paris impérial et moderne que l'on peut admirer sur le plan ci-contre.

51 EN HAUT
Un tableau orné de jolis angelots présente l'ensemble du Louvre sous Napoléon III, que l'on reconnaît, du reste, dans le médaillon.

51 CI-DESSOUS ET EN BAS
Les opérations menées par Haussmann ne sont pas sans soulever de vives polémiques. Affligé, Charles Baudelaire écrivit en 1859 que le vieux Paris n'existait plus. Sur ces illustrations, on reconnaît deux édifices construits à cette époque : l'Opéra-Garnier (ci-dessous), considéré comme le symbole du style baroque qui a caractérisé le règne de Napoléon III, et les Halles (en bas) réalisées entre 1852 et 1859.

En février 1848 naît la IIe République (pendant la Révolution, en 1792, la Ire n'avait pas duré longtemps), et Louis Napoléon Bonaparte est élu à l'unanimité. Quatre ans plus tard, il prend lui aussi le titre d'empereur des Français, sous le nom de Napoléon III. Tout le Second Empire, qui se termine en 1870, est une période relativement libérale. La littérature foisonne d'œuvres qui critiquent et dénoncent le pouvoir en place, et Paris est entre les mains du baron Georges Haussmann, qui n'hésite pas à entreprendre des transformations audacieuses, et qui, pendant quarante ans, oblige les Parisiens à marcher dans la boue des nombreux chantiers d'où surgiront les plus belles avenues du monde.
Toutefois, Paris va subir de graves préjudices pendant la guerre désastreuse contre les Prussiens et la Commune, quand l'armée française imposera le blocus pour tenter de calmer l'insurrection qui éclate peu après la capitulation.

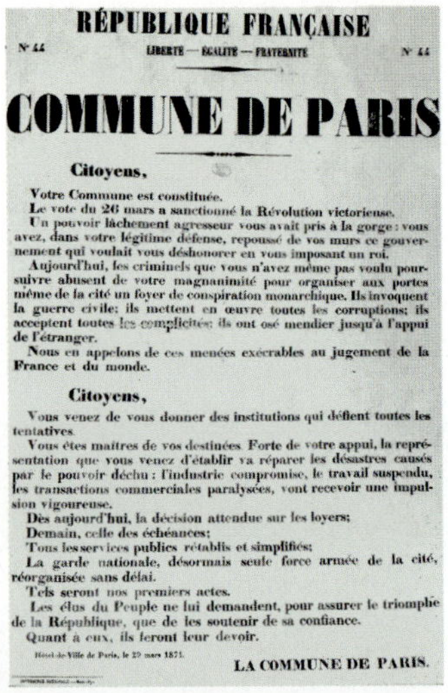

RÉPUBLIQUE FRANÇAISE

N° 44 LIBERTÉ — ÉGALITÉ — FRATERNITÉ N° 44

COMMUNE DE PARIS

Citoyens,

Votre Commune est constituée.

Le vote du 26 mars a sanctionné la Révolution victorieuse.

Un pouvoir lâchement agresseur vous avait pris à la gorge : vous avez, dans votre légitime défense, repoussé de vos murs ce gouvernement qui voulait vous déshonorer en vous imposant un roi.

Aujourd'hui, les criminels que vous n'avez même pas voulu poursuivre abusent de votre magnanimité pour organiser aux portes même de la cité un foyer de conspiration monarchique. Ils invoquent la guerre civile; ils mettent en œuvre toutes les corruptions; ils acceptent toutes les complicités; ils ont osé mendier jusqu'à l'appui de l'étranger.

Nous en appelons de ces menées exécrables au jugement de la France et du monde.

Citoyens,

Vous venez de vous donner des institutions qui défient toutes les tentatives.

Vous êtes maîtres de vos destinées. Forte de votre appui, la représentation que vous venez d'établir va réparer les désastres causés par le pouvoir déchu : l'industrie compromise, le travail suspendu, les transactions commerciales paralysées, vont recevoir une impulsion vigoureuse.

Dès aujourd'hui, la décision attendue sur les loyers;

Demain, celle des échéances;

Tous les services publics rétablis et simplifiés;

La garde nationale, désormais seule force armée de la cité, réorganisée sans délai.

Tels seront nos premiers actes.

Les élus du Peuple ne lui demandent, pour assurer le triomphe de la République, que de les soutenir de sa confiance.

Quant à eux, ils feront leur devoir.

Hôtel-de-Ville de Paris, le 29 mars 1871.

LA COMMUNE DE PARIS.

52 Napoléon III essaya de satisfaire les exigences d'un pays en plein essor : construction de routes, de canaux, de voies ferrées, de grandes avenues rectilignes, de somptueux immeubles. Napoléon III voulait reprendre la mission de la France révolutionnaire, mais la guerre de 1870 provoqua bientôt la chute du régime. La révolte des Parisiens éclata le 18 mars 1871 : la Commune se constitua en gouvernement révolutionnaire. Cette page évoque les moments importants de ces journées : en haut, les révoltés et le manifeste de la Commune; au centre, une réunion des représentants de la Commune, et en bas, les désordres dans la capitale.

La IIIe République voit le jour à l'issue de heurts violents entre l'Assemblée nationale (sous le contrôle des royalistes) et le gouvernement révolutionnaire – la Commune – mis en place à Paris le 18 mars 1871.
En quelques semaines d'existence, ce régime révolutionnaire, que Karl Marx étudiera plus tard, parvient à démontrer la validité du socialisme.
Le retour de la`paix coïncide avec la naissance de l'impressionnisme, dont Monet, Renoir, Pissarro, Cézanne et Manet sont les extraordinaires chefs de file. La première exposition de ce mouvement se tient en 1874, dans le studio du photographe Nadar, mais il faudra attendre 1877 pour que le terme impressionniste soit officiel.
Vers la fin du siècle, Paris brille de tout son éclat : art, musique, théâtre. On y voit toutes les nouveautés, c'est

53 EN HAUT ET CI-DESSUS
Ces deux images de l'époque illustrent un triste moment de l'histoire de France : les Prussiens sont aux portes de Paris, ils assiègent et bombardent la capitale. C'est la fin de la guerre de 1870.

53 EN BAS
La IIIe République est proclamée après la chute de l'Empire. Cette estampe montre l'euphorie des Parisiens à l'annonce de cette nouvelle.

54 EN HAUT, À GAUCHE, ET AU CENTRE, À GAUCHE
C'est la Belle Époque. La frénésie et la joie de vivre éclatent; l'Art nouveau fait fureur – cette image de Mucha (ci-contre, à droite) résume bien les canons de l'expression artistique de l'époque –, et on ne manque pas une soirée aux Folies-Bergère (ci-dessous).

54 AU CENTRE, À DROITE
Voici une curieuse photo qui immortalise un moment de la construction de la célèbre statue de la Liberté, cadeau de la France aux États-Unis d'Amérique.

là que fusionnent tradition et vie moderne. C'est le début de la Belle Époque, l'Art nouveau fait fureur, on inaugure les premiers tronçons du métro, on s'éclaire au gaz, et la tour Eiffel, symbole de la mythique Exposition universelle de 1889, se dresse dans le ciel de la capitale. Au tout début du XXe siècle, le cubisme de Braque et Picasso chahute quelque peu les vieux canons de la peinture et inaugure une nouvelle saison de la création artistique avec les recherches parallèles de peintres comme Fernand Léger, Marcel Duchamp, André Lhote et Robert Delaunay. Mais l'Europe est à la veille d'une autre page tragique de son histoire.

Pendant la Première Guerre mondiale, Paris échappe à l'invasion allemande. Pendant le second conflit en

54 EN BAS
Une bouche de métro typiquement parisienne. Le réseau du métropolitain a été commencé en 1898, sous la direction de Fulgence Bienvenüe. Les bouches correspondaient au goût de l'époque : Hector Guimard, père de l'Art nouveau français, en dessina cent quarante et une.

54 EN HAUT, À DROITE, 54-55 ET 55 EN HAUT
Le symbole de l'Exposition universelle de 1889, dont on admire l'entrée principale (ci-dessous) et une salle d'exposition (ci-contre), était la tour Eiffel (p. 54, en haut, à droite), œuvre de l'ingénieur qui lui a donné son nom. Quand elle s'éleva dans le ciel de Paris, elle suscita bien des polémiques, et ses détracteurs n'hésitèrent pas à signer des manifestes pour s'insurger contre cette construction bizarre. Quelques intellectuels en arrivèrent à soutenir que « cette vilaine cheminée » était une injure à la beauté de la ville.

56 Voici quelques moments frappants de l'histoire plus récente de Paris. Tout d'abord, l'armée allemande, qui, victorieuse, défile sur les Champs-Élysées pendant l'Occupation (ci-dessous). En bas, à droite, le général de Gaulle descend les Champs-Élysées. En bas, à gauche, la joie des Parisiens lors de la libération de Paris.

revanche, l'armée de Hitler défilera sous l'Arc de Triomphe. Malgré l'occupation allemande et les bombardements, la ville ne subit aucun dégât important. Après la capitulation, le général de Gaulle, qui se trouve à Londres, lance un appel aux Français et les exhorte à continuer la résistance contre les Allemands. Le conflit ne cessera qu'avec le débarquement des forces alliées en Normandie et la reddition de l'Allemagne nazie. La IVe République voit se succéder des gouvernements instables mais connaît un début de reprise économique. En outre, le conflit en Indochine se termine par une défaite, et on entrevoit déjà à l'horizon la guerre dramatique d'Algérie. La Ve République voit le jour en 1958. Le général de Gaulle est élu à l'Élysée. Rappelé au pouvoir pour régler la crise politique et résoudre le conflit algérien, il s'applique à redonner à la France un rôle important sur la scène mondiale. En 1962, il signe les accords d'Évian, qui mettent fin à la guerre d'Algérie.

Au cours du mythique mois de mai 1968, les revendications des étu-

57 EN HAUT ET AU CENTRE La capitale française a changé depuis cent ans. Son centre s'est vidé pour accueillir des bureaux, des banques et de grandes compagnies internationales, mais le charme de la Ville lumière reste intact. En mai 1968, la crise politique, économique et sociale qui éclata en France donna lieu à des heurts entre étudiants et policiers.

57 EN BAS
Les derniers présidents français. À gauche, l'investiture de Georges Pompidou à l'Élysée, au centre Valéry Giscard d'Estaing, et à droite, François Mitterrand, avec l'architecte Pei, lors de l'inauguration de la pyramide du Louvre.

diants, descendus dans la rue où ils érigent des barricades marquent un tournant dans l'histoire de la ville. Une fois l'ordre rétabli, une série de réformes sont mises en place. Après l'échec du référendum de 1969, Charles de Gaulle démissionne, laissant le pouvoir à Georges Pompidou, auquel succèdent Valéry Giscard d'Estaing, en 1974, et François Mitterrand, en 1981. Réélu en 1988, ce dernier quitte l'Élysée après la victoire de Jacques Chirac en 1995. Tous ces présidents ont joué un rôle très important pour l'urbanisme parisien. Pompidou a lié son nom au Centre Georges-Pompidou, cette création originale communément appelée Centre Beaubourg. Giscard d'Estaing a approuvé les projets du musée d'Orsay, de la Cité des sciences et de l'industrie, à la Villette, et de l'Institut du monde arabe. Mais c'est à François Mitterrand que l'on doit les réalisations les plus ambitieuses : le Grand Louvre, l'arche de la Défense, l'Opéra-Bastille, la Très Grande Bibliothèque, voulue « pour ne pas perdre la mémoire historique de la France » et, surtout, pour éblouir le monde entier et exalter encore une fois l'éternelle grandeur de la Ville lumière.

58 EN HAUT,
59 EN HAUT
*Cœur de la ville, l'île de la Cité est le berceau de l'ancien Lutèce. On y retrouve les vestiges de l'*oppidum *romain et certains des principaux monuments de la capitale, comme Notre-Dame et la Sainte-Chapelle ; on y découvre aussi deux endroits particulièrement romantiques et intimes : le square du Vert-Galant et la jolie petite place Dauphine, voulue par Henri IV et réalisée en l'honneur du Dauphin, le futur Louis XIII, sur un projet approuvé par Sully.*

58-59 *La Seine et la tour Eiffel sont les deux grands symboles de la Ville lumière. Bien que ses détracteurs l'aient comparée à une « cheminée d'usine », la tour continue d'être le monument le plus visité de Paris. Elle a été commencée en 1887. Conçue comme emblème de l'Exposition universelle de 1889, elle fut achevée en deux ans, deux mois et cinq jours, juste à temps pour l'ouverture officielle de la manifestation.*

UN MUSÉE À CIEL OUVERT

Paris a vu le jour sur deux petites îles de la Seine : un monde différent du reste de la ville, et qui possède certains des monuments les plus importants de la capitale. C'est effectivement dans l'île de la Cité que se trouvent les origines de *Lutetia*, cette bourgade fondée en 200 avant Jésus-Christ par un groupe de pêcheurs de la tribu des *Parisii*. Quant à l'île Saint-Louis, avec ses belles demeures et ses rues silencieuses, elle s'est arrêtée à l'époque du Grand Siècle : havre de paix, c'est un lieu d'une austérité aristocratique. Une fois franchi le Pont-Neuf, le plus vieux pont de Paris, construit par Henri III vers la fin du XVIe siècle et inauguré en 1607 par Henri IV (sa statue équestre, datant du XIXe siècle, sépare la pointe de l'île et la place Dauphine), on pénètre au cœur de l'histoire politique et religieuse pari-

59 À DROITE
Reliée à l'île de la Cité, l'île Saint-Louis reste à l'écart du tourisme de masse, et demeure sourde au vacarme de la vie frénétique qui l'entoure. Son caractère exceptionnel a toujours attiré les personnalités de la capitale, comme Georges Pompidou, qui habitait quai de Béthune, le baron Guy de Rothschild ou l'actrice Michèle Morgan. Au XIVe siècle, le bétail y paissait, mais, au XVIIe, les terrains furent bonifiés et lotis. Aujourd'hui, ses petites rues recèlent de beaux hôtels particuliers du XVIIe siècle, des boutiques et de petits bistrots.

60 À GAUCHE, EN HAUT
Les pinacles coiffant les tourelles d'escalier de la Sainte-Chapelle datent de la fin du XVe siècle.

60 À DROITE, EN HAUT
Récemment, le célèbre écrivain Georges Simenon a lié le Palais de Justice à la légendaire P.J., la fameuse police judiciaire, où œuvrait le commissaire Maigret. L'entrée principale du Palais de Justice, est séparée de la rue par une grande grille de style Louis XVI (XVIIIe siècle).

60 À GAUCHE, EN BAS
La façade sud du Palais de Justice donne sur le quai des Orfèvres, où se trouvaient des boutiques d'artisans et de joailliers aux XIIe et XIIIe siècles.

60-61 ET 61
La Sainte-Chapelle, avec son architecture légère et aérienne qui dresse vers le ciel ses hauts vitraux transparents et multicolores, exalte le mysticisme des hommes du Moyen Âge.

sienne. Possédant l'horloge publique la plus ancienne de la ville – avec son mécanisme très précis conçu par Henri Vic, elle sonne les heures depuis six siècles –, le Palais de Justice a d'abord été le siège du Parlement de Paris, quand Charles V établit sa cour au Louvre, puis trouva sa destination définitive – l'actuelle – pendant la Révolution. Juste à côté, les murs nus de la Conciergerie – sinistre prison – évoquent l'époque de la Terreur, quand les condamnés à mort quittaient leur paillasse dans leur longue chemise blanche pour monter sur l'échafaud de la place de la Concorde. Passons des années tourmentées de la Révolution au mysticisme de la Sainte-Chapelle. À l'abri des hauts murs du Palais de Justice, ce merveilleux monument est un chef-d'œuvre de l'art gothique. C'est le roi Louis IX, saint Louis, qui la fit construire au début du XIIIe siècle pour y conserver les précieuses reliques de la Couronne d'épines et un fragment de la Sainte Croix provenant de Byzance. De grands vitraux du XIIIe siècle remplacent presque complètement la pierre de la structure architecturale : une débauche de rouge et de bleu vif raconte plusieurs épisodes de l'Ancien Testament et de la vie du Christ.

Mais le monument le plus extraordinaire de toute l'île de la Cité est certainement la cathédrale Notre-Dame, qui se dresse majestueusement sur le parvis du même nom, grande esplanade commandée à Haussmann par l'empereur Napoléon III, qui voulait exalter la

G. TRUFFAUT

62 Partagée verticalement en trois parties soulignées par des portails, voici la belle façade ouest de Notre-Dame. De 1845 à 1864, la cathédrale a été restaurée par l'architecte Eugène Viollet-le-Duc.

célèbre façade. Le sous-sol abrite encore les vestiges gallo-romains de *Lutetia*. « Chaque face, chaque pierre du vénérable monument est une page non seulement de l'histoire du pays, mais encore de l'histoire de la science et de l'art. [...] Cette église centrale et génératrice est parmi les vieilles églises de Paris une sorte de chimère ; elle a la tête de l'une, les membres de celle-là, la croupe de l'autre ; quelque chose de toutes. [...] Chaque flot du temps superpose son alluvion, chaque race dépose sa couche sur le monument, chaque individu apporte sa pierre. [...] Les grands édifices, comme les grandes montagnes, sont l'ouvrage des siècles. » Ainsi fut décrite la cathédrale dans *Notre-Dame de Paris* de Victor Hugo. En 1163, le pape Alexandre III posa la première pierre de la grande église. On était alors sous le règne de Louis VII, et l'évêque Maurice de Sully était à l'origine du projet. C'est ainsi que, sur les fondations de l'ancienne église Saint-Étienne, s'éleva une nouvelle cathédrale qui devait exprimer l'aspiration à l'infini qui animait alors la conscience des hommes. La construction de Notre-Dame dura près de deux cents ans et fut achevée au XIVe siècle. Toute l'histoire de France est passée sous ces voûtes imposantes, même la Révolution française, qui, après avoir pillé et profané ce lieu sacré, en fit le temple du culte de la Raison, puis de l'Être suprême. Quand on fait le tour de Notre-Dame, on découvre tout un enchevêtrement d'éléments architecturaux savamment agencés : des arcs rampants, des gargouilles, des flèches, des portails, des vitraux et des rosaces mêlés à un peuple fantastique de monstres et de démons qui surgissent du porche immense ou des piliers ornés de feuilles d'acanthe.

Du haut des tours, on découvre un Paris grandiose et lumineux, ainsi que l'île Saint-Louis. Reliée à l'île de la Cité par le pont Saint-Louis, cette langue de terre baignée par la Seine est calme et peu fréquentée par les touristes, ce qui explique que beaucoup de personnalités en vue aient choisi d'y vivre. L'île Saint-Louis possède de magnifiques demeures construites au XVIIe siècle, comme l'hôtel Lauzun, qui accueillit le poète Charles Baudelaire et la bohème artistique et littéraire du siècle dernier.

On traverse le Petit-Pont – le plus court de Paris –, et on se retrouve sur

63 À GAUCHE, EN HAUT
La galerie des Rois, dont on ne voit ici qu'une partie, accueille vingt-huit copies de statues des rois de Juda et d'Israël ; les originaux ont été détruits pendant la Révolution.

63 À GAUCHE, EN BAS
Devant la grande rosace de la façade occidentale, on reconnaît la Vierge entourée d'allégories du Vice et de la Vertu.

63 À DROITE
Les portails de Notre-Dame sont enrichis de précieuses sculptures. Voici deux détails du portail de la Vierge orné de statues du XIIIe siècle.

64-65 Le gothique s'épanouit en France entre le XIIe et le XVe siècle, laissant de nombreuses cathédrales dans toute la France. Notre-Dame compte parmi les plus célèbres. Entreprise par Maurice de Sully en 1163, elle a été construite en cent cinquante ans et demeure l'église la plus importante de Paris, avec ses travées grandioses conçues pour rivaliser avec l'abbaye de Saint-Denis. Son nom est inscrit dans l'éternité littéraire grâce à Victor Hugo, qui y situa les mésaventures d'Esméralda et de Quasimodo, mais ses nefs ont aussi été le théâtre d'événements célèbres et ont

accueilli quelques-uns des plus grands personnages de l'histoire de France. C'est ici que Marie Stuart se maria, que Jeanne d'Arc fut béatifiée, qu'Abélard rencontra Héloïse, qu'Henri VI d'Angleterre – encore enfant – fut couronné roi de France, et que Napoléon fut proclamé empereur des Français en 1804. Enfin, en 1944, le général de Gaulle y annonça la libération de Paris. Pendant la Révolution française, la cathédrale fut détruite et pillée. En automne 1793, les insurgés abattirent de nombreuses statues et Notre-Dame fut dédiée à la déesse de la Raison. Après avoir subi des sorts divers, elle fut rendue au culte en 1802. Par une petite porte située près de la tour nord, on peut monter en haut des tours et admirer la vue magnifique sur Paris.

66 À GAUCHE
On reconnaît le célèbre boulevard Saint-Germain, sur la rive gauche, théâtre de la vie artistique et littéraire parisienne pendant de longues années.

66 EN HAUT
Fondée au XIIIe siècle par le confesseur de saint Louis, Robert de Sorbon, l'université de la Sorbonne occupe un vaste quadrilatère dans le Quartier latin. Il ne reste plus rien de l'ancien collège, intégré progressivement par le pôle universitaire, qui, depuis un siècle environ, se présente sous cet aspect.

66-67 ET 67
Le Panthéon, « cadeau forcé de l'Église et des rois à la république », comme on a dit, se dresse sur la montagne Sainte-Geneviève. Sous ses voûtes reposent quelques personnalités illustres. Inspirée de l'architecture grecque, la façade est surmontée d'un magnifique dôme.

la rive gauche. La mythique rive gauche fut le quartier des églises et des couvents, avant de devenir celui des célèbres bistrots et cafés. On est à Saint-Germain et dans le Quartier latin. Au-dessus des toits mansardés des grands immeubles se détachent quelques coupoles historiques.

Sublimes, comme celle de l'Institut de France – la plus belle du pays –, qui surmonte l'édifice où se réunissent tous les ans, au mois d'octobre, les membres des cinq académies nationales. Nobles, comme celle de l'hôpital

du Val-de-Grâce, élevée au XVIIe siècle pour remercier le ciel d'avoir donné un prince héritier au royaume, le futur Louis XIV. Imposante comme celle du Panthéon qui, au cœur du Quartier latin, abrite de grands hommes. Depuis 1791, les voûtes solennelles de ce monument, en forme de croix grecque, protègent le repos éternel d'hommes illustres, de maîtres à penser, d'écrivains renommés comme Mirabeau, Voltaire, Rousseau, Marat, Victor Hugo, Émile Zola, sans oublier la grande physicienne, Marie Curie, qui mourut en 1934 et qui est la seule femme accueillie dans ce sanctuaire. Sous le dôme est accroché le célèbre pendule de Foucault, cet instrument qui permit en 1851 au physicien français de démontrer expérimentalement la rotation de la terre.

Celle de la Sorbonne est la coupole du savoir. La plus célèbre université parisienne a été fondée en 1257 par Robert de Sorbon – chanoine puis chapelain du roi –, qui obtint la permission d'ouvrir le collège de Sorbon pour y accueillir des étudiants sans ressources et des maîtres désireux d'approfondir leurs connaissances en théologie. Louis IX encouragea la naissance de l'*universitas studiorum*, et, plus tard, le cardinal de Richelieu, qui est d'ailleurs inhumé à la Sorbonne dans un sarcophage de marbre, chargea Lemercier de construire un nouvel édifice, dont il ne reste plus que la chapelle. Entre 1885 et 1901, tout l'ensemble a été reconstruit et occupe un vaste quadrilatère, juste à deux pas du jardin du Luxembourg. Véritable oasis de verdure, ce dernier entoure le palais du Luxembourg (actuellement siège du Sénat), une enclave florentine construite pour Marie de Médicis, afin de lui rappeler le palais Pitti de son enfance. À toute heure, les étudiants vont y flâner, avant d'aller s'asseoir aux terrasses des bistrots du Quartier latin. À propos, pourquoi le Quartier latin ? Tout simplement parce qu'au Moyen

67 EN HAUT,
À GAUCHE
L'Institut de France siège depuis 1805 dans les bâtiments du collège des Quatre-Nations, financé par Mazarin et dessiné par Louis Le Vau au XVIIe *siècle. L'aile orientale du monument abrite la bibliothèque Mazarine, où sont conservés de précieux livres anciens.*

68 De grands écrivains comme Diderot, Baudelaire et Alfred de Musset aimaient se promener le long des allées du jardin du Luxembourg.

68 EN BAS, À GAUCHE *Sur l'avenue de l'Observatoire se trouve la fontaine des Quatre Parties du monde, dont le groupe central, représentant les quatre continents, fut créé par Jean-Baptiste Carpeaux.*

68-69 Officiellement, les jardins du Luxembourg appartiennent au Sénat, puisqu'ils entourent le palais où se réunissent les sénateurs, mais, en réalité, c'est le refuge des étudiants des universités voisines et de tous ceux qui cherchent un peu de calme.

Âge la langue officielle des professeurs et des étudiants était le latin, et puis aussi parce que ce quadrilatère, délimité par le jardin du Luxembourg, la Seine et le boulevard Saint-Michel, reprenait – et reprend toujours – l'ancien plan de Lutèce, la ville des Gaulois. En effet, l'ombre des Césars plane encore tout près d'ici. Les Arènes, vaste amphithéâtre construit au cœur de Lutèce probablement vers le Ier siècle avant l'ère chrétienne, ont été découvertes à l'occasion du percement de la rue Monge en 1869. Le musée national du Moyen Âge et des thermes de Cluny conserve les vestiges de trois grandes salles des thermes : le *frigidarium*, le *tepidarium* et le *caldarium*. Adossé aux thermes, et construit à la fin du XVe siècle, l'hôtel des Abbés de Cluny présente une collection exceptionnelle de chefs-d'œuvre du Moyen Âge, en particulier les six tapisseries du cycle de la *Dame à la licorne* (XVe), véritable joyau de l'art flamand.

La rive gauche possède également un grand nombre d'églises célèbres : Saint-Séverin, de style gothique flamboyant, où l'on dit que Dante est venu prier à l'époque où il aurait fait un voyage à Paris ; Saint-Julien-le-Pauvre, au cœur du quartier universitaire, dans un dédale de ruelles pittoresques (tout près de là, dans le square Viviani, on peut d'ailleurs admirer le plus vieil arbre de Paris, un robinier planté là en 1601 par le botaniste Robin, auquel cette espèce doit son nom) ; Saint-Étienne-du-Mont, à deux pas du Pan-

69 EN HAUT
Les parterres du jardin du Luxembourg ont été dessinés en 1617 par Boyceau de la Barauderie. La plupart des statues qui longent les allées ont été placées là sous le règne de Louis-Philippe, au XIXe siècle.

théon, connue pour la dentelle de son magnifique jubé construit pendant la Renaissance, et pour les reliques de sainte Geneviève, la patronne de Paris, déposées dans une chapelle voisine de Pascal et de Racine. Et puis, naturellement, il y a la plus célèbre – et la plus ancienne – de Paris : Saint-Germain-des-Prés, l'abbaye fondée par le roi Childebert. À l'époque, c'était encore la campagne ici, et cette grande plaine fut le théâtre de la défaite des *Parisii* face aux légionnaires romains. Aujourd'hui, elle conserve une nef romane, de très beaux chapiteaux dans le chœur et la flèche de son clocher roman se dresse très haut dans le ciel, sur une des places les plus animées de la rive gauche, non loin de Saint-Sulpice, la plus grande église de Paris, après Notre-Dame. Au bout du boulevard Saint-Germain brille la façade curviligne de l'Institut du monde arabe, un beau bâtiment signé Jean Nouvel et terminé en 1987 : haut de dix étages, il est recouvert de diaphragmes d'aluminium, inspirés des moucharabiehs de l'Alhambra de Grenade, qui s'ouvrent et se ferment en fonction de la luminosité. Nouvel est parvenu à instaurer un dialogue entre tradition et avant-garde, entre architecture arabe et techniques modernes. Tout près de là nous attend un autre havre de paix : le jardin des Plantes, qui entoure le Muséum d'histoire naturelle. Jardin royal des plantes médicinales sous le règne de Louis XIII, il fut inauguré en 1640. La récente restauration du musée s'intègre bien aux structures métalliques de la galerie de l'Évolution, sans entraver le moins du monde la vue sur la file de girafes, rhinocéros, hippopotames, zèbres, antilopes et éléphants naturalisés qui semblent devoir rester là pour l'éternité.

De l'autre côté, la rue de Rennes relie Saint-Germain-des-Prés au quartier Montparnasse et à sa tour : immense gratte-ciel de verre et d'acier qui se découpe sur le ciel parisien depuis 1973, celle-ci offre une vue époustouflante du haut de ses 210 mètres et de ses cinquante-neuf étages gravis en un clin d'œil à bord d'un ascenseur. On a du mal à faire le lien entre la tradition de cette petite colline, le mythe dont l'avaient affublée Apollinaire et d'autres artistes, qui, au début du siècle, avaient proclamé Montparnasse « le nombril du monde », et le spectacle actuel au pied de la tour, avec cette incroyable densité urbaine grouillante de vie. Toutefois, on retrouve encore un peu l'atmosphère d'autrefois au musée Bourdelle, rue Antoine-Bourdelle. L'atelier du sculpteur – élève préféré de Rodin – conserve plus de cinq cents œuvres nées ici entre 1884 et 1929, année de la mort de l'artiste.

Cathédrale ferroviaire de la fin du siècle dernier, la gare d'Orsay – située sur la rive gauche de la Seine, face au Louvre – est devenue l'un des musées les plus prestigieux de la capitale. Abritant actuellement les œuvres des plus grands artistes actifs entre la seconde moitié du XIXe siècle et le début de la Première Guerre mondiale, la gare avait été inaugurée en 1871, pour desservir Nantes, Toulouse et Bordeaux.

70-71 À la tombée du jour, Paris allume toutes ses lumières, comme pour éclairer une scène fantastique. Les grands monuments émergent alors de l'ombre, et les voitures tracent de longs rubans étincelants sur les grandes artères. On voit ici la rue de Rennes et on sent que la ville se prépare à vivre une nuit tourbillonnante, pleine de folie et de joie de vivre. On remarque ici les façades illuminées des plus célèbres églises de la rive gauche, notamment Saint-Germain-des-Prés, à gauche, et Saint-Sulpice, à droite.

72-73 À l'arrière-plan de cette vue magnifique prise de la tour Eiffel se dresse la tour Montparnasse, imposant édifice de verre et d'acier construit en 1973.

74 La gare d'Orsay a été construite à la fin du XIXe *siècle, sur un projet de Victor Laloux. Entièrement restructurée, elle abrite maintenant un des musées les plus prestigieux et les plus fréquentés de la capitale. On admire ici la vaste verrière sous laquelle les locomotives rejetaient autrefois leurs nuages de fumée, et où sont rassemblées les plus grandes œuvres d'artistes ayant vécu entre 1848 et la Première Guerre mondiale.*

75 À GAUCHE, EN HAUT
Les Joueurs de cartes, *peints par Cézanne entre 1890 et 1895. Certains critiques ont vu dans les formes plus géométriques et anguleuses – notamment le personnage de gauche et la table – une première intuition du cubisme.*

75 À GAUCHE, EN BAS
Le Déjeuner sur l'herbe, *célèbre tableau de Manet, fut peint en 1863 et présenté au Salon des Refusés, une manifestation créée sous Napoléon III.*

75 À DROITE, EN HAUT
Ce chef-d'œuvre de Claude Monet, la Femme à l'ombrelle, *permet d'apprécier la luminosité et la portée de la peinture impressionniste.*

75 À DROITE, EN BAS
Auguste Renoir a témoigné de la ferveur culturelle et mondaine qui imprégnait toute la vie parisienne de la fin du siècle dernier. Ici le Portrait de Margot, *peint en 1878.*

Condamnée au même sort que les Halles, elle fut sauvée par le scandale que provoqua cette décision, et confiée au lauréat d'un concours d'architecture lancé pour sa restructuration en musée, l'architecte italienne Gae Aulenti. Ce grand monument de fer et de pierre inauguré en 1986 : le musée d'Orsay, un des plus grands et des plus visités de toute la ville. L'immense travée centrale, où les locomotives crachaient autrefois leur fumée, est devenue un véritable labyrinthe baigné de lumière, flanqué de cloisons suspendues et de petites salles que les visiteurs découvrent au gré de leur promenade. On y admire quelques-unes des plus belles œuvres des grands peintres du siècle passé : Ingres et Delacroix ; les fameux impressionnistes et leurs successeurs – autrefois exposés au musée du Jeu de paume – tels que Degas, Monet, Manet, Pissarro, Renoir, Cézanne, Van Gogh, Gauguin, Seurat, Toulouse-Lautrec, Matisse ; des réalistes comme Daumier, Millet, Corot, Courbet ; des peintres académiques et des pompiers. À ne pas manquer : les meubles de Gallé et les sculptures de Camille Claudel.

Nous sommes maintenant dans le Paris plus monumental, dominé par le grand dôme des Invalides, sous lequel repose Napoléon. C'est le Paris des grandes esplanades, des longues perspectives, des immeubles somptueux et des fastes de l'éternelle grandeur.

77 EN HAUT
Camille Pissarro (1830-1903) parvient à bien rendre l'atmosphère magique et mystérieuse de Paris, notamment dans ce tableau intitulé la Seine et le Louvre.

77 AU CENTRE, À DROITE
Au début de sa carrière, Gauguin (1848-1903) adhéra au mouvement impressionniste, puis il développa une expression et une technique tout à fait particulières, comme on le voit sur cette toile de 1892 intitulée Joyeusetés.

77 AU CENTRE, À GAUCHE
Dans ce tableau de Van Gogh peint en 1889 et intitulé la Chambre de Vincent en Arles, *on peut admirer le puissant coup de pinceau de l'illustre artiste hollandais.*

77 EN BAS, À GAUCHE
Edgar Degas a toujours su représenter la grâce et la légèreté des ballerines avant d'entrer en scène. Ici, les Danseuses bleues *de 1893.*

76 En 1852, quand Napoléon III monta sur le trône, l'hédonisme s'empara de Paris et de tous les aspects de la vie sociale et artistique de la capitale. Ce fut un âge d'or pour la poésie, mais les peintres s'attachaient plutôt au réel, créant des mouvements particulièrement intéressants, comme le réalisme et l'impressionnisme. D'autres tableaux présentés à Orsay datent de cette époque, comme cette célèbre toile de Van Gogh, L'Église d'Auvers-sur-Oise, *peinte en 1890.*

77 EN BAS, À DROITE
En 1895, Henri de Toulouse-Lautrec a immortalisé la clownesse Cha-u-Kao du Moulin-Rouge.

78 ET *78-79*
Entre l'École militaire (en haut à droite) et le Champ-de-Mars, on découvre le Paris napoléonien et monumental, avec des souvenirs de la Grande Armée. Sous le grand dôme étincelant des Invalides (en bas) repose le premier empereur des Français, dans son sarcophage de porphyre (en haut, à gauche).

Du Champ-de-Mars à l'École militaire et aux Invalides plane le souvenir des glorieuses entreprises de l'armée française : il est porté par le vent de la grande place, qui rassemblait autrefois jusqu'à dix mille hommes, ou bien conservé dans l'atmosphère figée du musée de l'Armée, où l'on découvre des armes de toutes les époques – épées, pistolets, armes à feu, arbalètes, mousquetons – mais aussi des armures, des cartes géographiques, des drapeaux et des bannières militaires. L'hôtel des Invalides, construit sous Louis XIV pour les soldats blessés, mutilés ou trop âgés, est surmonté de l'immense coupole dorée sous laquelle Napoléon repose dans son sarcophage de porphyre, comme il le demandait dans ses dernières volontés : « Je désire que mes cendres soient déposées au bord de la Seine, au milieu de ce peuple français que j'ai tant aimé. » À quelques pas de là se trouve le musée Rodin. Ce romantique sut indiquer à ses contemporains la voie de la modernité. Conseillé par son ami Rainer Maria Rilke, il installa son atelier-musée dans l'hôtel Biron, où l'on admire encore ses bronzes monumentaux et des œuvres aussi célèbres que *la Main de Dieu* et *le Baiser*.
On est ici tout près de la célèbre tour Eiffel. Il a fallu 7 300 tonnes de fer pour construire « la ridicule cheminée d'usine », « la grosse broche bonne à piquer les nuages » (comme disaient ses détracteurs), qui se dresse fière-

79 Au bout de la rue de Varenne, près des Invalides, les beaux salons de l'hôtel Biron accueillent le musée Rodin. On voit l'entrée (en haut), une salle consacrée à une des œuvres les plus célèbres du sculpteur, le Baiser *(au centre), et un autre chef-d'œuvre de l'artiste,* le Penseur, *avec, à l'arrière-plan, la grande coupole dorée sous laquelle repose Napoléon (en bas).*

ment, toute grise et bien plantée au milieu du Champ-de-Mars. Le 12 juin 1886, Gustave Eiffel remportait un concours lancé par la municipalité de Paris : 107 projets avaient été présentés, et l'Exposition universelle allait avoir la fameuse tour pour symbole. Le 1er juillet 1887, les travaux ont commencé, et les têtes se sont renversées pour admirer la merveille du siècle, cet immense jeu de Meccano qui n'en finissait pas de monter comme pour toucher le ciel, tel un grand « échalas » un peu « timbré » qui aurait pris à la lettre le défi de l'architecture métallique. En mai 1889, ce fut l'inauguration officielle. Depuis, cent soixante millions de visiteurs sont montés au sommet de la tour pour voir la capitale s'étendre à l'infini. À ses pieds, le pont d'Iéna enjambe le fleuve et mène à la colline de Chaillot, que domine le palais en demi-cercle construit en 1937 pour l'Exposition de Paris. Celui-ci abrite le musée de la Marine, où l'on vous fait voyager sur les mers du monde entier, le musée de l'Homme, où l'on remonte les millénaires, et le musée du Cinéma Henri-Langlois, où revivent des mythes comme Rudolph Valentino, Marilyn Monroe, Greta Garbo et Federico Fellini.

De grandes marches descendent à flanc de colline, et de jeunes intrépides, chaussés de patins à roulettes, effectuent ici d'incroyables figures acrobatiques. On est toujours dans le Paris monumental, avec ses larges ave-

80-81 Au tout début, la tour Eiffel était un « monstre » que l'on voyait de partout, puisqu'elle dominait tous les monuments de la ville. De nos jours, cette architecture métallique – fruit de calculs très précis – ne suscite plus la moindre ironie, au contraire, elle est même considérée comme la réalisation la plus hardie et la plus glorieuse de la capitale. Mesurant 300 mètres de haut (320 avec l'antenne), elle a exigé deux ans de travaux pour sa construction. Avec ses dix-huit mille morceaux de fer et ses deux millions et demi de rivets, elle pèse quelque 7000 tonnes. Et, si l'on veut s'offrir une petite montée à pied, il ne faut pas compter moins de 1665 marches !

82-83 De nuit, l'Arc de Triomphe apparaît dans toute sa splendeur. Il est situé à la limite de trois arrondissements : le huitième, le seizième et le dix-septième. La place de l'Étoile est entourée de douze immeubles, dont l'architecture symétrique contribue à faire de cette place harmonieuse un véritable monument.

83 À GAUCHE À l'ombre des feuillages, la vie de l'avenue est un mouvement perpétuel. Magasins et cafés se concentrent le long des Champs-Élysées.

83 À DROITE L'Arc de Triomphe s'élève au centre de la place de l'Étoile. De là partent quelques-unes des plus belles avenues de la capitale, comme on peut le voir sur cette photographie aérienne.

nues qui débouchent sur la place de l'Étoile et, en son centre, le grand symbole de la ville, l'Arc de Triomphe. En 1806, à son retour d'Austerlitz, désirant célébrer les victoires militaires de ses soldats, Napoléon le voulut immense et pharaonien, tel un hymne solennel à la gloire de la Grande Armée. Du haut du monument, on a une vue magnifique sur la longue artère qui conduit à la grande arche de la Défense – le cube d'Otto von Spreckelsen habillé de marbre blanc de Carrare et inauguré à l'occasion du bicentenaire de la Révolution française – et, de l'autre côté, sur l'avenue des Champs-Élysées, la Concorde et les Tuileries. Tous les ans, c'est là que se déroule le défilé du 14-Juillet, au milieu des fanfares, des étendards et des drapeaux tricolores. À l'origine, l'ancienne voie royale ne dépassait pas l'Étoile et avait été tracée pour prolonger les jardins des Tuileries et créer une longue perspective pour le plaisir de Sa Majesté le roi. Au XVIIIe siècle, c'était une simple promenade au milieu des champs, puis, au XIXe, on la borda de palais, et, sous le Second Empire, le quartier était une concentration de beaux hôtels et de demeures bourgeoises. Aujourd'hui, des boutiques, des cafés, des cinémas, des sièges de compagnies aériennes et le célèbre Lido longent l'avenue la plus célèbre du monde. Elle rejoint le Louvre, laissant sur sa droite l'exubérant pont Alexandre-III et la perspective spectaculaire du Petit et du Grand Palais, témoins du temps où Paris – capitale des sciences et des techniques – accueillait tous les dix ans environ une exposition universelle pour célébrer l'union entre le progrès et la raison. Agrandi et remodelé, le palais du Louvre possède la collection d'œuvres d'art la plus riche du monde.

82 Flanquée de belles demeures, l'avenue des Champs-Élysées est très majestueuse.

HUITRES

19h28

85 Symbole d'un grand défi et de notre époque, la grande arche de la Défense, est l'œuvre de l'architecte danois Otto von Spreckelsen. Le président Mitterrand souhaitait y loger la Fondation internationale des droits de l'homme et célébrer avec cette œuvre monumentale le bicentenaire de la Révolution française.

84 Voici quelques aperçus du quartier moderne de la Défense, qui s'est récemment transformé en pôle économique de toute la périphérie occidentale de la ville.

84-85 Œuvre de l'an 2000, la grande arche de la Défense se découpe sur le ciel de la banlieue ouest de Paris. Mesurant plus de 100 mètres de haut, cet immense cube habillé de marbre blanc de Carrare pourrait contenir Notre-Dame.

86-87 Entre l'esplanade des Invalides et les Champs-Élysées, le pont Alexandre-III est d'une beauté féerique avec ses lions en pierre, ses statues allégoriques et ses grands lampadaires, copies de ceux du pont de la Trinité de Saint-Pétersbourg. Avec son unique arche de plus de 100 mètres, il porte le nom du tsar de Russie Alexandre III pour commémorer l'alliance signée par ce dernier avec la France en 1892. La photographie page ci-contre souligne la richesse de la décoration et la majesté des grands becs de gaz qui éclairent le pont dès la tombée du jour.

Pour se promener tranquillement au milieu des statues de la cour Marly, découvrir les œuvres de l'aile Richelieu, parcourir l'histoire à travers les millénaires en passant des taureaux ailés de Khorsabad à la *Vénus de Milo* et à la *Victoire de Samothrace*, se plonger dans la Renaissance devant les œuvres de Michel-Ange, Raphaël et Léonard de Vinci, se familiariser avec la peinture hollandaise du XVIIe siècle et les paysages bucoliques de Poussin

et de Watteau, et enfin goûter tous les chefs-d'œuvre exposés dans la Grande Galerie, il faut avoir beaucoup de temps et venir plusieurs fois. Depuis l'achèvement des travaux du Grand-Louvre, accéder au musée par l'entrée du Carroussel rue de Rivoli est vraiment exceptionnel avec la pyramide inversée de Ieoh Ming Pei, qui aspire la lumière de l'autre pyramide – plus grande, à l'extérieur –, celle de l'accès principal, situé au centre de la cour Napoléon. Vu d'en bas, l'effet des rayons du soleil dans les vitrages reflète les nuages et les silhouettes des touristes, qui ont l'air de flotter dans le vide, tandis que le ciel parisien s'insinue à travers le voile diaphane de verre et inonde la place de la pyramide inversée d'un flot clair et argenté.

Avec ses huit colonnes de marbre rose, l'arc de triomphe du Carrousel, situé à l'extrémité de la cour Napoléon encadre la célèbre perspective de l'avenue des Champs-Élysées.

88-89 Situé au cœur de la ville, comme on le constate sur cette vue aérienne, le Louvre réaménagé propose sous un jour nouveau ses chefs-d'œuvre immortels, comme la Victoire de Samothrace *(en haut, à droite), et la* Vénus de Milo, *(en bas, à gauche).*

90 L'entrée du nouveau Louvre se trouve sous la pyramide de verre conçue par l'architecte sino-américain Ieoh Ming Pei au centre de la cour Napoléon, mais on peut également accéder au musée par la rue de Rivoli.

91-94 La présidence de François Mitterrand a profondément changé le paysage parisien. Parmi les grands travaux entrepris par le président socialiste, on compte la restructuration de l'ensemble du Louvre, avec tout d'abord l'inauguration de la pyramide au centre de la cour Napoléon, puis l'ouverture de l'aile Richelieu et le réaménagement de l'aile Denon.

95 Au Louvre, les grandes salles baignées de lumière exposent des chefs-d'œuvre de toutes les époques et de tous les pays. Le plus grand musée du monde peut effectivement se targuer de posséder des collections allant de 5 000 ans avant Jésus-Christ à nos jours.

PAVILLON SULLY

97 Une visite au Louvre, c'est l'occasion d'admirer la Dentellière *de Vermeer (en haut, à gauche), le portrait de* Baldassare Castiglione *de Raphaël (en bas, à gauche),* la Liberté guidant le peuple *d'Eugène Delacroix (en haut, à droite) et* la Dame en bleu *de Corot (en bas, à droite).*

96 Parmi les nombreux chefs-d'œuvre conservés au Louvre, il y a bien entendu la célèbre Joconde *de Léonard de Vinci.*

98 EN HAUT
Entre les Tuileries et le Louvre, se dresse l'arc de triomphe du Carrousel, que Napoléon fit construire en 1806. Le monument est surmonté d'une copie des célèbres chevaux de la basilique Saint-Marc de Venise.

98-99 La place de la Concorde fut baptisée ainsi en signe de paix. Pourtant, après avoir accueilli les fêtes de l'Ancien Régime, elle fut le théâtre d'entreprises militaires, de massacres, et c'est là que furent guillotinés des milliers de Français, innocents ou coupables. En son centre se dresse l'Obélisque du temple de Louxor.

Encore bucolique près des jardins des Tuileries, elle prend des allures royales vers la Concorde, la grande place qui fut le théâtre de fêtes grandioses, et d'événements sanglants. Provenant de Louxor, l'Obélisque fut dressé ici en automne 1836, juste à l'endroit où l'inexorable guillotine fit tomber de 1793 à 1795 des milliers de têtes, y compris celle – petite et austère – de Marie-Antoinette. C'est encore aux souverains de l'Ancien Régime que

99 En 1836, l'architecte Hittorff embellit la place de la Concorde, entourant l'Obélisque de Louxor de deux grandes et majestueuses fontaines.

l'on pense à Saint-Germain-l'Auxerrois – devant le Louvre –, ancienne paroisse des rois de France et église préférée de François Ier, d'Henri IV et de Louis XIV, dédiée à l'évêque canonisé d'Auxerre.

Avec leurs salles regorgeant d'objets et de meubles anciens, les musées des Arts décoratifs et de la Mode et du textile nous font faire, eux aussi, une

100-101 Le Centre Georges-Pompidou se trouve au cœur de la ville. Avec ses tuyaux colorés, ses câbles en acier et son escalier roulant abrité par un tunnel de Plexiglas, il a suscité bien des polémiques pendant des années. Quoi qu'il en soit, il est devenu le centre culturel le plus fréquenté de toute la capitale.

100 EN HAUT La silhouette très moderne du Centre Georges-Pompidou se dresse sur une place originale portant le nom d'Igor-Stravinski ; celle-ci se distingue par la présence de la fontaine animée, colorée et vivante de Niki de Saint-Phalle et Jean Tinguely.

100 EN BAS La vaste esplanade devant le centre accueille tous les jours une foule d'artistes de rue qui s'exhibent pour la plus grande joie des touristes curieux et des Parisiens.

longue promenade au fil des siècles. On y trouve un peu de tout : mobilier Louis XV, tapisseries, bijoux, tissus, céramiques, objets en verre, jouets, tapis, accessoires de la vie quotidienne, dentelles et broderies, et des habits somptueux qui ont appartenu à des personnalités d'antan.

Près des jardins des Tuileries, le musée de l'Orangerie propose toujours la douceur des *Nymphéas* de Claude Monet, les natures mortes de Cézanne, *les Jeunes Filles au piano* de Renoir, quelques odalisques de Matisse, et, entre un Picasso et un Modigliani, les inoubliables vues de Paris peintes par Utrillo.

Mais le plus audacieux, le plus discuté et le plus agressif des musées de la capitale apparaît tout d'un coup au bout de la rue Rambuteau. C'est le Centre Georges-Pompidou, bien sûr, le fameux Beaubourg, que les architectes Renzo Piano et Richard Rogers ont habillé d'un incroyable bardage de câbles d'acier et de tuyaux colorés et transparents qui lui ont valu la définition d'idole moderne de Plexiglas tombée comme une soucoupe volante au cœur de la ville. Accueillant quelque sept millions de visiteurs par an, le Centre Georges-Pompidou est un centre culturel polyvalent comprenant, entre autres, une librairie spécialisée dans les arts plastiques, une grande bibliothèque et le Musée national d'Art moderne.

101 CI-CONTRE
« Un effort unique et original pour rassembler et mettre à la portée du public les différents aspects de la culture moderne, le tout sous un seul toit. » C'est la priorité du musée le plus insolite et le plus discuté de Paris, qui fut inauguré en 1977. On reconnaît le Centre Georges-Pompidou sur cette vue aérienne.

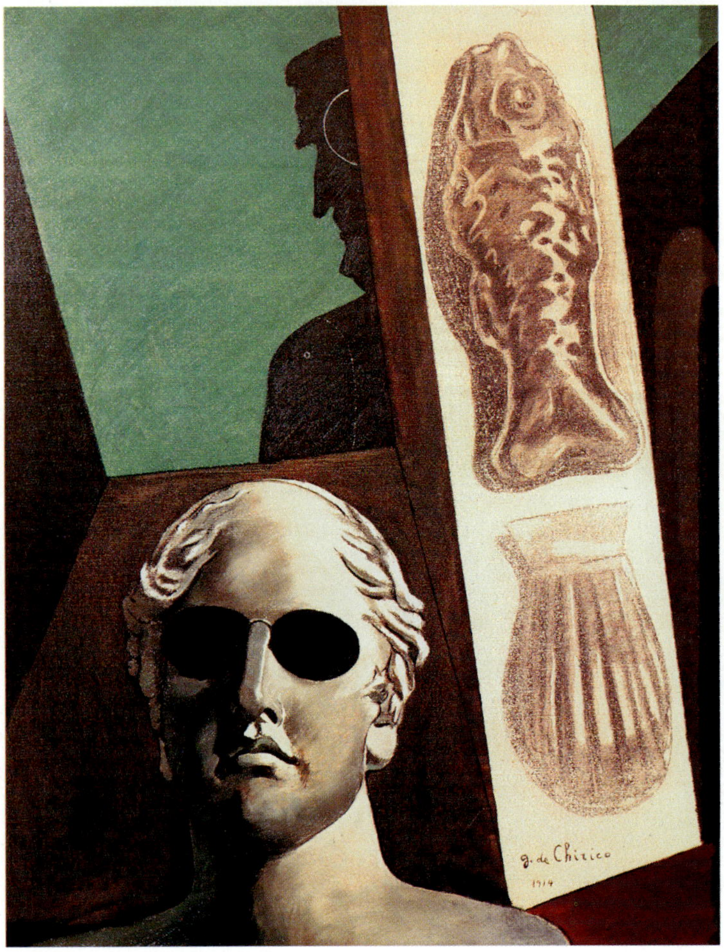

102-103 Le Centre Georges-Pompidou abrite le musée national d'Art moderne, où l'on peut admirer la production des plus grands artistes de notre siècle. Presque tous les chefs-d'œuvre exposés ici étaient autrefois au musée d'Art moderne (créé en 1937) et au centre national d'Art contemporain (né en 1967). Cette collection se trouve au quatrième étage et comprend, entre autres, des tableaux particulièrement célèbres, comme la Muse *de Picasso (grande photo, à droite),* Lolotte *d'Amedeo Modigliani (en haut, à droite),* la Femme à la guitare *de Georges Braque (en haut, à gauche) et* le Portrait prémonitoire d'Apollinaire *de Giorgio De Chirico. À côté de ces toiles, on trouve aussi des œuvres de représentants du fauvisme (Pierre Bonnard, Henri Matisse), du cubisme (Picasso, Fernand Léger, Braque) et d'autres grands courants nés entre la Première Guerre mondiale et les années 60.*

104 Après un long déclin, le quartier du Marais vit actuellement une nouvelle jeunesse. C'est un des endroits les plus branchés de la capitale, mais il est aussi riche de musées, de demeures aristocratiques et de boutiques à la mode. Certaines rues ont conservé leur atmosphère populaire, d'autres par contre ont troqué leurs échoppes vieillottes et leurs entrepôts contre des galeries de tableaux et des magasins de grands couturiers. Sur cette photo, on reconnaît quelques magnifiques façades de la place des Vosges.

104-105 La grande façade de l'Hôtel de Ville, à la lisière du Marais. C'est un monument grandiose, mis en valeur par la grande place qui lui fait face. C'est ici que se trouvait autrefois la place de Grève où se rassemblaient les ouvriers sans travail (d'où son nom) ; c'est également ici que le 4 septembre 1870 fut proclamée la République, et que Charles de Gaulle annonça la libération de Paris le 25 août 1944. Le bâtiment actuel a été reconstruit à la fin du XIXe siècle, après avoir été ravagé par un incendie.

105 EN HAUT *Inaugurée en 1612 à l'occasion du mariage de Louis XIII et d'Anne d'Autriche, sous le nom de place Royale, la place des Vosges est une merveille d'harmonie architecturale. Après les travaux de restauration entrepris dans les années 60, elle a retrouvé sa splendeur d'antan.*

105 EN BAS *Le musée Carnavalet occupe deux beaux hôtels particuliers : l'hôtel Carnavalet, construit en 1545 sur un projet de Nicolas Dupuis, et l'hôtel Le Peletier de Saint-Fargeau qui, lui, date du XVIIe siècle. Au fil des salons et des collections, on parcourt toute l'histoire de Paris.*

Derrière s'étend le quartier du Marais, qui fut une grande étendue marécageuse entre la Concorde et la Bastille, et qui est aujourd'hui devenu le quartier à la mode. Pendant six siècles, du Moyen Âge au XVIIIe, de beaux immeubles aristocratiques, des églises et des couvents se sont multipliés dans ce coin de Paris. La place des Vosges en est le symbole. Voulue par Henri IV, elle est maintenant veillée par la statue de Louis XIII et par quelques fantômes de personnages célèbres qui ont habité derrière ces façades de brique rose et sous ces toits gris qui donnent à la place son extraordinaire symétrie. Victor Hugo vécut au n° 6, et sa maison est transformée en musée, où l'on peut découvrir des objets lui ayant appartenu. Autre grand écrivain, la marquise de Sévigné est née au n° 1, à l'hôtel de Coulange. Dans les rues adjacentes se dressent de magnifiques palais : l'hôtel de Sens, où la reine Margot, épouse d'Henri IV, vécut quelque temps, l'hôtel Salé, qui, depuis 1985, abrite une des plus riches collections d'œuvres de Picasso, l'hôtel de Sully, où se tiennent des expositions temporaires, et l'hôtel Carnavalet, le musée préféré des Parisiens : au détour de salons, d'escaliers et de meubles somptueux, on se plonge dans les souvenirs de Paris, passant de la Déclaration des droits de l'homme et du citoyen au fauteuil de Voltaire, de la chambre de Proust à l'encrier de Jean-Jacques Rousseau, de la canne d'Émile Zola aux vieilles clés de la Bastille.

106 EN HAUT
L'Opéra-Garnier, ou « l'Opéra » tout court, comme disent les Parisiens, est un monument éclectique qui illustre parfaitement les canons architecturaux du Second Empire : la richesse des décorations, le foisonnement de colonnes, de coupoles, de statues en bronze et en marbre, la fusion entre le style classique et le baroque.

106-107 Présentant une parfaite symétrie orthogonale, la place Vendôme accueille de somptueuses demeures et de luxueuses vitrines. Elle fut réalisée par Jules Hardouin-Mansart pour recevoir la statue équestre de Louis XIV.

107 EN HAUT
L'Opéra-Bastille reçoit les plus grandes compagnies artistiques du monde. Inauguré en 1989, il peut accueillir 2 700 spectateurs.

107 EN BAS, À GAUCHE
La fameuse colonne de la place Vendôme, érigée sur la place par Napoléon, qui voulait ainsi rendre hommage à la Grande Armée.

107 EN BAS, À DROITE
La statue dorée du Génie de la Liberté surmonte la colonne de Juillet, qui, avec ses 52 mètres de haut, se dresse au beau milieu de la place de la Bastille et rappelle à notre souvenir les victimes de la révolution de 1830.

On arrive enfin sur la place de la Bastille pour admirer la colonne de Juillet, élevée à la mémoire des victimes des émeutes de 1830, et l'Opéra-Bastille, ce grand bâtiment moderne, tout de béton, de marbre et de bois, conçu par Carlos Ott, qui a complètement renversé la notion traditionnelle de théâtre. « Plus de salles en fer à cheval, plus de petits théâtres tout dorés où le son se balade comme dans un violoncelle, écrit Alessandro Baricco, mais de grandes salles, d'énormes espaces, des scènes gigantesques, des milliers de places, des balcons à plusieurs niveaux. »

Finissons notre visite en revenant vers la Concorde, là où la rive droite est un paradis du luxe et de l'élégance.

Les vitrines de la place Vendôme – chef-d'œuvre de Jules Hardouin-Mansart voulu par Louis XIV – étincellent d'or et de lumière.

Au bout de la rue de la Paix, l'Opéra-Garnier exhibe ses fastes éclectiques, tandis que la rue du Faubourg-Saint-Honoré nous attire vers ses boutiques de luxe. Mais, au loin, on entrevoit déjà l'incontournable silhouette du Sacré-Cœur. Tôt ou tard, nos pas nous mèneront au pied de cette colline sillonnée par de longs escaliers, cette butte qui domine les toits de la ville et

108 EN HAUT
ET *109* EN HAUT
Montmartre connut une époque artistique exceptionnelle. Toute une génération d'artistes construisit sa légende : de Degas à Cézanne, de Monet à Van Gogh, tous vécurent, souffrirent, peignirent et goûtèrent ici des moments de bonheur. Toutefois, on ne trouve plus beaucoup de traces de ces présences passées. La première bohème des Renoir et des Lautrec s'installa en haut ou au pied de la butte, puis, vingt ans plus tard, ce fut le tour de Picasso, Juan Gris, Van Dongen, Modigliani. Aujourd'hui, mimes, vendeurs et musiciens se pressent dans les petites rues du quartier.

108 EN BAS
Beaucoup de peintres se retrouvent à Montmartre – notamment sur la place du Tertre – pour faire revivre le mythe d'un monde disparu.

où l'on revit le mythe parisien. Entre une petite place plantée d'arbres où les peintres croquent les touristes, la façade immaculée du Sacré-Cœur et les petites rues où se pressent visiteurs et marchands de souvenirs, on est ébloui par les lumières de Pigalle, et, le long des murs délabrés de l'auberge de la Bonne Franquette, on revoit encore les Années folles de Montmartre, époque mémorable où l'art brûla la jeunesse turbulente de la mythique bohème.

108-109 La basilique blanche et majestueuse du Sacré-Cœur domine la colline de Montmartroise. Après la défaite de 1870, la Commune et l'annexion des États pontificaux, Alexandre Legentil et Hubert Rohault de Fleury firent vœu de construire une église consacrée au Sacré Cœur du Christ. Déclarée d'utilité publique et entièrement financée par des dons et des souscriptions, la construction commença en 1877 sur les plans de Paul Abadie. Achevée en 1914, la basilique ne fut consacrée qu'en 1919.

UNE ÉTERNELLE SÉDUCTION

110 À GAUCHE, AU CENTRE
Le Train Bleu est le restaurant de la gare de Lyon, celle d'où partent les trains pour le sud du pays. Voilà pourquoi les grandes salles ornées de moulures et de corniches dorées sont décorées de fresques représentant les principales villes méridionales.

110 À GAUCHE, EN BAS, ET À DROITE
Non seulement les cafés parisiens sont des lieux où l'on se retrouve pour bavarder et se détendre, mais certains d'entre eux ont vraiment contribué à construire la légende de la ville. C'est le cas des Deux Magots, que l'on voit en bas à droite.

Divin Paris, «immense cour des miracles, théâtre dans le grand théâtre du monde». Comment dérober à cette capitale du rêve un peu de son intimité et de son âme, de ses émotions et de ses charmes, de ses secrets et de ses souvenirs? Par où commencer? Par les musées ou par une promenade le long de la Seine, par ses architectures modernes dont on a tant parlé ou par une terrasse de café sur les Champs-Élysées? Vaut-il mieux se mêler à la foule des grands boulevards ou s'isoler au Vert-Galant? Si l'on veut vraiment dialoguer avec cette ville qui, à chaque coin de rue, change de visage et de proportions et qui suscite des souvenirs ou promet des surprises, il faut marcher, marcher, toujours marcher! Il y a tellement de Paris! Celui des magasins et de l'histoire, de l'art et de la joie de vivre, des nuits folles et des petits bistrots, des brocantes et des intellectuels, des vitrines éblouissantes et des longs boulevards et, enfin, le plus actuel et le plus brillant, le Paris des quartiers à la mode. Dans l'histoire millénaire, ardente, généreuse et variée de cette ville, chacun trouve le Paris inoubliable qui lui est cher, le mythe qu'il veut revivre. Au bord de la Seine – fleuve des poètes et des artistes qui, serein et altier, sépare la ville en deux mondes –, les bouquinistes de la rive gauche, premiers locataires du Pont-Neuf, vendent depuis trois cents ans leurs livres et pamphlets qu'ils rangent la nuit dans leurs grandes boîtes vertes. Une pause, un cliché mille fois proposé en carte postale, un rite ancien et toujours actuel.

Dans la pénombre épaisse de Notre-Dame, que seuls les rayons irisés des vitraux parviennent à pénétrer, les fantômes de l'histoire défilent à toute allure. C'est ici que Marie Stuart épousa François II, que Jeanne d'Arc

110 À GAUCHE, EN HAUT
Le Flore est considéré comme l'emblème d'un certain Paris. Du temps des existentialistes, Jean-Paul Sartre et Simone de Beauvoir y passaient une grande partie de leur temps.

111 Sur les Champs-Élysées, on peut se reposer à une terrasse de café, à l'ombre des beaux arbres qui bordent l'avenue.

112 À GAUCHE, EN HAUT
Les vitrines de Cartier, le célèbre joaillier parisien, donnent sur la rue de la Paix, la majestueuse artère percée sous Napoléon III en 1806, inaugurée en 1814, et appelée ainsi en souvenir du traité de Paris.

112 À GAUCHE, EN BAS
Près de l'Opéra, les Galeries Lafayette sont un des grands magasins les plus célèbres de Paris. Petite mercerie créée en 1895, entre la rue La Fayette et la rue de la Chaussée-d'Antin, les Galeries Lafayette se développèrent considérablement au début du siècle.

112 ci-contre
Le grand hall circulaire des Galeries Lafayette, formant le centre du magasin, est entouré de galeries à rambardes ouvragées, œuvres d'Édouard Schenck, et est abrité par une coupole à vitraux. Le grand escalier de Majorelle a été détruit en 1974. Le grand magasin occupe quelque 120 000 mètres carrés, distribués dans trois grands édifices reliés entre eux.

fut béatifiée, qu'Abélard croisa le regard pudique d'Héloïse, que Napoléon – revêtu de son long manteau de cérémonie en brocart brodé de petites abeilles d'or – fut couronné empereur des Français. Non loin de là, de petites boutiques, des restaurants, un magasin célèbre et historique (Berthillon, les meilleures glaces de Paris), de petits hôtels de charme et de vieilles librairies animent la rue Saint-Louis-en-l'Île, discrète et à l'écart des grandes esplanades et des lieux à la mode du Paris plus mondain.

Saint-Germain-des-Prés est à deux pas d'ici, avec ses cafés comme le Flore, les Deux Magots et la brasserie Lipp, qui ont contribué à écrire la légende de Paris. C'est ici que naquirent les idées qui enflammèrent cœurs et esprits. On y retrouve l'atmosphère forte et révoltée de cet âge d'or que furent les années 60, quand Jean-Paul Sartre et Simone de Beauvoir passaient ici une grande partie de leur temps, entourés d'existentialistes qui portaient des cols roulés noirs et préféraient les duffle-coats aux manteaux trop bourgeois ; c'était l'époque où les caves accueillaient des débutants voués à des carrières fulgurantes, des gens habillés eux aussi tout en noir et qui s'appelaient Yves Montand et Juliette Gréco. Aujourd'hui, le boulevard Saint-Germain est flanqué de boutiques de mode, et, dans tout le quartier, le luxe flirte avec la bohème : rue du Bac, rue de Grenelle, rue de Sèvres. La mode triomphe partout ici, et, à quelques pâtés de maisons, le long du quai Voltaire, on est chez les antiquaires, au cœur du mythique Carré d'or, un îlot

113 Les passages et les galeries sont des sortes de sentiers secrets qui relient plusieurs rues d'un même quartier. Cette solution architecturale connut un grand succès au début du XXe *siècle, car l'éclairage au gaz donnait un charme particulier à ces passages illuminés dans la nuit. Sur cette page, nous voyons le passage Verdeau, dont l'entrée est au n° 6 de la rue de la Grange-Batelière (à gauche, en haut), et la galerie Vivienne (à droite), construite en 1823.*

115 EN HAUT, À GAUCHE À Montmartre, les personnages qui ont fait la légende de la fameuse butte ont disparu. C'est sur cette colline que saint Denis, premier évêque de Paris, aurait été décapité, d'où le nom de « Montmartre » (Mons Martyrum*).*

Au XIIe siècle, une abbaye de bénédictines, les Dames de Montmartre, fut construite au milieu des champs et des vignes; elle fut détruite par les révolutionnaires. On y trouve maintenant de nombreux cafés et restaurants.

115 EN HAUT, À DROITE La mythique rue Lepic, à Montmartre. Vincent Van Gogh y vécut. Au bout de la rue, on reconnaît les ailes du moulin du Radet, non loin du célèbre moulin de la Galette.

114-115 Voici les ailes du plus célèbre moulin parisien : le Moulin-Rouge, destination des touristes qui espèrent retrouver là les émotions du Paris fou et insouciant.

114 Deux touristes admirent la façade du Lapin Agile, une boîte de nuit à l'aspect insolite et champêtre qui fut construite en 1910. Pendant longtemps, cet endroit a accueilli des rencontres littéraires.

au charme encore intact avec sa centaine de magasins d'objets d'art, entre la rue de l'Université et la rue des Saints-Pères. Montparnasse est au bout de la rue de Rennes, avec sa grande tour de béton et de verre, droite et brillante, dressée de toute sa hauteur. À ses pieds, le quartier grouille de vie : les enseignes rouges des boîtes de nuit font de l'œil aux amateurs de spectacles érotiques, et les innombrables et célèbres bistrots ruissellent de lumière (la Coupole et le Dôme étaient autrefois fréquentés par Miró, Picasso, Hemingway, Chagall, etc.). Mais le monde des filles de joie, des jeunes modèles qui travaillaient pour les peintres, se dessinaient des fleurs sur les mollets et portaient malicieusement leurs jarretelles accrochées à une montre, est bien loin ; l'époque de Kiki de Montparnasse, symbole du quartier, est révolue, et les photos de Man Ray qui la représentaient nue sont maintenant exposées dans les musées du monde entier. Au début du siècle, Montparnasse prit la place de Montmartre, autre temple légendaire d'un Paris qui n'existe plus. Le Paris bohème et échevelé de la fin du siècle dernier, qui, petit à petit, se teinte d'amour, d'art, de modernité et de contradictions. En 1887, Degas, Cézanne, Monet et bien d'autres artistes vivent sur la colline que domine le Sacré-Cœur. Ils se retrouvent sur la place du Tertre et dansent au bal musette devant le moulin de la Galette. Ce sont ces jours-là que, de la fenêtre de sa chambre, rue Lepic, Van Gogh peint les toits de Montmartre.

Aujourd'hui, la butte vit entre la mémoire d'un passé glorieux et la société de consommation, les vieux quartiers et les restaurants modernes, les vrais et les faux artistes, le Moulin-Rouge et Pigalle, et elle conserve toute cette panoplie de souvenirs laissés ici, sur cette colline dont le cœur est toujours la place du Tertre, par tous ces génies qui ont fait sa légende. On monte là-haut comme on fait un pèlerinage pour retrouver un monde disparu, pour admirer les toits gris de Paris, les ailes immobiles du Moulin-Rouge, pour se replonger dans l'atmosphère mythique des Années folles de Montmartre.

CAFÉ
SALON DE THÉ

LIN ROUGE
DU
MOULIN ROU
FORMIDABLE
FORMIDABLE
FORMIDABLE

116 ET 116-117 L'excursion en bateau-mouche est un classique au programme de tous ceux qui viennent pour la première fois à Paris. Vu de l'eau, Paris offre de vastes perspectives tout à fait extraordinaires. On admire les façades austères qui se reflètent dans la Seine, Notre-Dame dressée dans toute sa splendeur, et les ponts qui relient les deux rives légendaires de la capitale. Du quai de Bercy, à l'est, à Boulogne-Billancourt, à l'ouest, pas moins de trente-six ponts enjambent le fleuve, mais ils ne sont pas tous aussi anciens que le Pont-Neuf, premier pont réalisé en pierre à Paris, ni aussi beaux que le pont Alexandre-III, ni même aussi célèbres que le pont Mirabeau chanté par le poète Guillaume Apollinaire. Le canal Saint-Martin, quant à lui, donne lieu à des croisières insolites au rythme des écluses (à gauche en haut).

Et puis on redescend, on entre dans la ronde et on recherche un autre Paris, celui qui se cache dans les replis des habitudes, des goûts et de la mémoire de chacun.

Il est impensable de venir à Paris sans faire un tour dans les boutiques et les grands magasins. Qu'elles soient sur le faubourg Saint-Honoré ou dans le triangle d'or, qu'elles appartiennent au royaume de la haute couture ou aux maisons de mode prestigieuses, toutes les vitrines parisiennes éblouissent par leur luxe et leur extrême élégance.

Derrière l'Opéra-Garnier, une foule dense, attirée par les grands magasins les plus célèbres du monde, envahit les boulevards majestueux conçus par le baron Haussmann, le même qui, sous le règne de Napoléon III, éventra le Paris médiéval, baroque et romantique, pour créer la ville impériale et moderne telle que nous connaissons aujourd'hui.

Le vieux quartier du Marais, où s'est installée la communauté juive, est aujourd'hui un endroit très couru, et son charme est resté intact. Il est aussi très actuel avec ses boutiques de mode qui se pressent autour de la place des Vosges, la plus romantique et la plus célèbre de toute la ville.

Autres lieux où l'on subit le charme de Paris : les petits musées, qui conservent tant de trésors et de souvenirs du temps jadis (le musée de la Vie romantique, le musée Édith-Piaf, consacré à cette toute petite femme envoûtante qu'était la grande chanteuse française, le musée des Arts forains) et le marché aux puces de la porte de Saint-Ouen, le plus grand du monde, qui, tous les week-ends, attire encore des milliers d'amateurs.

Mais, au coucher du soleil, sans les lumières des restaurants de charme, sans le joyeux brouhaha des brasseries, sans les irrésistibles paillettes des Folies-Bergère et sans le french cancan – solennel et polisson –, Paris ne serait pas vraiment Paris.

117 C'est sur le Pont-Neuf, un joyau de l'architecture parisienne inauguré par Henri IV, que se sont installés les premiers bouquinistes, qui, aujourd'hui encore, font partie du paysage traditionnel de la capitale. Le long de la Seine, près du Pont-Neuf et de Notre-Dame, ils exposent des livres d'occasion, d'anciennes cartes postales et, le soir, ils rangent toute leur marchandise dans des boîtes de bois caractéristiques peintes en vert et accrochées au parapet du quai.

118 Les vues aériennes exaltent l'harmonie et la monumentalité de Paris et permettent de repérer les quartiers historiques. En haut, on distingue l'École militaire illuminée et l'imposant Champ-de-Mars. En bas, le front de Seine, qui dans les années 60 fut l'objet d'une rénovation urbaine, vitrine d'un « urbanisme vertical ».

118-119 La place de la Bastille, est le centre d'un quartier d'artisans, de cafés et de bistrots, récemment mis à la mode, tout autour du fameux Opéra-Bastille, une construction fort discutée. Sur cette place se trouvait autrefois la célèbre forteresse de l'Ancien Régime, prise par le peuple le 14 juillet 1789, premier jour de la Révolution française.

119 CI-CONTRE
Les bouches de métro encore appelées « Libellule », sont de magnifiques exemples de l'art d'Hector Guimard, père de l'Art nouveau en France. Celles des stations Abbesses et Porte-Dauphine sont les seules intégralement conservées.

120-121 Depuis toujours considéré comme la ville romantique par excellence, Paris révèle encore ici tout son charme et son mystère.

VERSAILLES, ORS, GLACES ET POUVOIR ABSOLU

122 EN HAUT
Se reflétant dans le bassin central, le corps du bâtiment principal du château de Versailles se déploie dans toute sa splendeur.

122 EN BAS
Créé pour Marie-Antoinette, le temple de l'Amour est niché dans l'épaisse végétation du parc.

122-123 *Tout le château de Versailles a été conçu avant tout pour exalter l'opulence de la monarchie française. C'est Louis XIV qui le fit construire, et le projet de Le Vau lui plut tant qu'il y installa sa cour dès 1682, alors que le palais n'était pas encore achevé. Le roi suivit personnellement les travaux du jardinier André Le Nôtre, auquel on doit la création du parc, notamment la grande pelouse et le parterre du nord, parsemé de fleurs et entouré de haies de buis.*

Au-delà des grandes grilles dorées s'ouvrent les portes d'une époque fastueuse, âge d'or de la monarchie française. Les belles glaces, les immenses escaliers, les vastes salons tendus de soie, les rideaux damassés, les énormes lustres ruisselants de cristaux, ont vu défiler des foules de courtisans, princes, prélats et ambassadeurs venus rendre hommage au Roi-Soleil. Solennelle et lointaine, Sa Majesté se tenait sur un trône de 3 mètres de haut posé sur un tapis brodé d'or, sous l'arcade du salon de la Paix. Au château de Versailles, « beauté royale unique au monde », comme disait la marquise de Sévigné, on est émerveillé par les fastes inouïs de la cour de Louis XIV et de ses successeurs. En 1623, l'amour de la chasse, de l'air pur, des bois et des gibecières bien remplies conduit Louis XIII à faire construire ici un pavillon de chasse ; plus tard, celui-ci est agrandi et devient un petit château en brique et pierre que l'on retrouve pratiquement intact au centre de la façade actuelle donnant sur la cour de Marbre. En 1661, Louis XIV, qui ne veut pas détruire cette demeure chère à son père, décide de la confier à Le Vau pour en faire un palais plus grandiose. Le chantier dure tout son règne. Après avoir fait aménager un parc de contes de fées, où la nature est soumise à son bon plaisir, le roi vient à Versailles pour rencontrer plus librement sa favorite Louise de La Vallière. En l'honneur de cette dernière, la cour – fort étonnée – est invitée à la Fête des plaisirs de l'île enchantée, à laquelle Molière participe. Louis XIV entreprend ensuite d'agrandir le château pour en faire un palais baroque et somptueux, la plus noble conquête du roi, son invention la plus éternelle

123 EN HAUT
Des centaines de statues peuplent l'immense parc et ornent les célèbres fontaines. Les bassins de Latone (à gauche) et d'Apollon (à droite) sont particulièrement beaux.

124 Louis XIV avait une véritable passion pour son château de Versailles, et il s'y consacra énormément durant tout son règne.

À l'intérieur, les appartements avec des salons magnifiques, comme celui de Diane (à droite), et l'Opéra (à gauche) avec sa galerie décorée par Pajou reflètent eux aussi cette volonté constante d'afficher faste et opulence.

et la plus admirable. En 1666, après la mort de sa mère, Anne d'Autriche, le Roi-Soleil pense de plus en plus à Versailles comme à une résidence privilégiée du monarque et de sa cour. En 1682, son rêve se réalise. Situé à une vingtaine de kilomètres de Paris, Versailles devient la ville royale la plus extraordinaire du monde. Tous les jours, dix mille courtisans (dont cinq mille nobles) entourent, servent et honorent leur souverain. À partir de 1683, ce dernier établit une nouvelle habitude et décide de leur ouvrir les portes de ses appartements et de les amuser avec des danses, des jeux et des spectacles. En 1661, Versailles n'était guère qu'un village de campagne formé de quelques maisons seulement, mais, en 1713, une véritable ville de quarante-cinq mille habitants s'est développée ; on disait alors que c'était la « ville nouvelle », reliée à Paris par un va-et-vient incessant de chevaux, de carrosses et de charrettes. De l'immense domaine qui s'étendait à perte de vue à l'abri d'un mur de 45 kilomètres de long et percé de vingt-quatre portes monumentales, il ne reste plus grand-chose : cinq portes et une petite partie du parc – encore grandiose certes. Les jardins ont toujours été une véritable passion pour Louis XIV, qui en confie l'aménagement à Le Nôtre, le célèbre paysagiste, complice et interprète idéal de tous ses projets les plus fantasques. Ce ne sont pas des jardins que Le Nôtre conçoit pour le roi, mais une véritable cité baroque, pleine de surprises, pour que l'imagination soit sans cesse stimulée par les plus belles fêtes de la terre. Aussi, pour rendre l'idée de la cité dans la verdure, le grand architecte façonne-t-il littéralement la nature comme un décor de théâtre, recourant à toutes sortes de stratagèmes : de grands rideaux d'arbres et d'innombrables bosquets cachent des statues mythologiques, des jeux d'eau ou des labyrinthes. Il fait mettre en eau le Grand Canal, sur lequel naviguent des gondoles et une flotte de guerre miniature.

La cour demeure à Versailles jusqu'en 1789, quand la Révolution oblige Louis XVI à rentrer à Paris. Au cours de la nuit du 6 octobre, le roi doit emprunter un passage secret et dangereux pour rejoindre la reine Marie-Antoinette, qui avait déjà fui par une autre issue, devant les insurgés. Le château est pillé et tombe vite en ruine, tout comme le parc, et il faudra attendre 1837 pour que la Chambre des députés transforme le château en musée. Après la Première Guerre mondiale, on décide de restaurer le monument. Les travaux sont entrepris grâce au soutien du mécène américain

125 Quelques vues de l'intérieur du palais de Versailles qui illustrent bien la splendeur inouïe de la décoration choisie par Louis XIV, par son successeur, Louis XV – seul souverain à y avoir vécu toute sa vie –, et par Louis XVI. Dédiée à saint Louis, la chapelle (à gauche) se caractérise par sa colonnade néo-classique ; à droite, en bas, les magnifiques incrustations de marbre dans l'escalier qui mène aux appartements de la reine. À droite, en haut, on reconnaît la galerie des Batailles, aménagée en 1836 dans les anciens appartements de l'aile sud. Une belle collection de tableaux y a été installée, avec notamment des œuvres du musée de l'Histoire de France qui représentent de grandes batailles militaires.

126 EN HAUT
La décoration des appartements royaux était d'un luxe inouï. À gauche, le salon de l'Œil-de-Bœuf, de l'appartement du roi, la chambre de Marie-Antoinette (à droite).

126 CI-DESSUS
L'or massif est le matériau qui exprime évidemment le mieux le faste royal. On voit ici un détail d'une boiserie que Richard Mique conçut en 1783 pour le cabinet Doré de la reine.

126-127 On admire ici toute la richesse des appartements royaux de Versailles. C'est dans cette chambre que Louis XIV – le Roi-Soleil – expira en 1715. Ornée d'élégantes frises dorées, de brocarts et de précieuses tapisseries, elle ne fut occupée par le souverain qu'à partir de 1701. Tous les matins s'y tenait la cérémonie du lever du roi : ses familiers et des courtisans venaient lui rendre hommage.

127 S'il fallut plus d'un demi-siècle pour construire le château du Roi-Soleil, de nombreuses années furent ensuite nécessaires pour lui donner la splendeur qui étonne tant les visiteurs de notre époque. D'ailleurs, ils sont nombreux à franchir tous les jours la belle grille dorée pour admirer ce fastueux décor. On voit ici une partie de la précieuse chambre de la Reine, arrangée par Jacques et Jacques Ange Gabriel, deux maîtres décorateurs fort renommés sous le règne de Louis XV. Elle est précédée d'une antichambre, dont le plafond est tout ouvragé.

Rockefeller, puis, à partir de 1952, c'est le gouvernement français qui en assume toute la charge. Grâce à toutes ces initiatives, les magnifiques salons peuvent aujourd'hui nous raconter leur incroyable histoire. Quelques chiffres nous donnent une idée de ce qu'est maintenant ce château extraordinaire : une surface de 800 hectares, trois cent mille arbres, trois cent soixante-quinze fenêtres ouvertes sur l'immense parc, et puis un personnel de soixante-dix jardiniers, douze pompiers, quatre cents employés, pour recevoir presque cinq millions de visiteurs par an.

Derrière les grilles dorées, l'immense construction s'étend dans toute sa splendeur. La vie de la cour obéissait à des règles très strictes : le couple royal vivait au premier étage du bâtiment central : le roi au nord, la reine au sud. On y accédait par deux grands escaliers de marbre, celui des Ambassadeurs – aujourd'hui disparu – et celui de la Reine. Les princes et les hauts dignitaires habitaient les ailes nord et sud, sur le jardin, tandis que les appartements des courtisans donnaient sur la ville. Le château possède trois cours : celle des Ministres, entourée de balustrades, avec la statue équestre de Louis XIV et l'évocation des premières expériences aérostatiques (1783-1784) de Montgolfier et Pilâtre de Rozier, la cour Royale, à laquelle ne pouvaient accéder que les carrosses de la famille royale et des ministres, et enfin la cour de Marbre

où l'on retrouve l'ancien château de Louis XIII, et sur laquelle donnait la chambre du roi. Construit en un an (1770) pour le mariage de Louis XVI et de Marie-Antoinette, l'Opéra est le chef-d'œuvre de l'architecte Gabriel. À l'ouest, la façade du château – à laquelle on accède par la cour Royale – s'étend sur 580 mètres. À l'intérieur, on découvre une enfilade de salons qu'occupèrent Louis XIII et Louis XIV et que décorent encore une foule de portraits de rois, de reines, de favorites et d'autres personnages illustres. On visite aussi le Grand Appartement du souverain, avec ses six salons d'apparat, et enfin la galerie des Glaces, l'endroit le plus spectaculaire de tout le palais, création géniale de Jules Hardouin-Mansart, qui la réalisa entre 1678 et 1686, et la fit décorer par Le Brun. Aujourd'hui,

128-129 En 1687, Louis XIV fit élever le Grand Trianon, une somptueuse demeure en pierre et marbre rose, pour échapper au protocole trop rigide de la cour. On admire ici le salon des Glaces où le souverain recevait ses ministres et les membres de sa famille.

129 À GAUCHE Les petits appartements étaient privés. C'est ici, en effet, que Louis XIV conservait et admirait sa collection de toiles, dont la Joconde *faisait partie. Ici, le cabinet de la Pendule, qui doit son nom à la pendule astronomique que l'on aperçoit au fond.*

129 À DROITE La vie officielle de la cour se tenait dans les grands appartements (on reconnaît ici le salon de Mercure). À partir du salon d'Hercule, chaque appartement porte le nom d'une divinité grecque.

les dix-sept arcades revêtues de glace au mercure reflètent les silhouettes des visiteurs, mais, à l'époque du Roi-Soleil, elles renvoyaient l'image des meubles précieux en argent massif appuyés contre les murs. D'autres appartements avec diverses chambres royales, des salons aux merveilles inestimables, tendus de soie et recouverts de tableaux de grands maîtres mènent au cabinet de travail de Louis XV,

128 Situé dans les jardins du Petit Trianon, ce théâtre miniature a été construit pour Marie-Antoinette vers la fin du XVIIIe siècle.

véritable chef-d'œuvre de l'art décoratif et de l'ébénisterie français. Ensuite, on peut admirer les appartements de la reine et sa salle des Gardes, puis ceux de la dauphine et du dauphin. Après cette orgie de luxe et cette exaltation du pouvoir, le visiteur a plaisir à se plonger dans le silence de l'immense parc. Certains dimanches, entre mai et septembre, les jeux d'eau attirent jusqu'à vingt mille personnes littéralement envoûtées par la vue de ces jets que les mille fontaines de Versailles propulsent dans le ciel, et les spectacles nocturnes sur le bassin de Neptune font revivre les grandes fêtes royales. À droite du Grand Canal, le Grand Trianon dessiné par Le Vau occupe plusieurs hectares de pâturages, et une partie d'un village a même dû être rasée pour « le bon plaisir du roi ». À l'époque, le Grand Trianon avait beaucoup étonné : « une bagatelle, petite chose nichée dans les fleurs, les jasmins et les orangers... intime et resplendissante », bref, une construction gracieuse et légère.

« Rêve de porcelaine » entièrement habillé de faïence blanche et bleue, refuge où le roi et la reine pouvaient retrouver une certaine intimité, il fut ensuite remplacé par le « Trianon de marbre » blanc et rose, ce qui lui donnait une note encore plus précieuse et raffinée.

Construit pour Marie-Antoinette au bord d'un lac artificiel, le hameau de la Reine est un petit village d'opérette, un théâtre de marionnettes grandeur nature, qui correspondait bien à la mode du retour à la campagne lancée par Jean-Jacques Rousseau.

Non loin de là, caché dans la verdure, le Petit Trianon fut construit pour Mme de Pompadour, qui mourut avant de le voir achevé. Avec ses cinq salons somptueux et son beau jardin à l'anglaise planté d'arbres exotiques et rares, l'endroit préféré de l'épouse de Louis XVI.

130-131 Voici l'emblème du château de Versailles, sa partie la plus grandiose et la plus inoubliable : la galerie des Glaces, éclairée par dix-sept grandes fenêtres dont la lumière est reflétée par les miroirs recouvrant autant de baies en plein cintre. Le Brun, a représenté sur la voûte les moments importants de la vie de Louis XIV, dépeint sous les traits d'un héros de l'Antiquité.

INDEX

Les folios en *italique* renvoient aux légendes des illustrations.

CRÉDIT PHOTOGRAPHIQUE

Marcello Bertinetti/Archivio White Star: 60-61, 63 à gauche, 64-65, 65 en haut, 80 en bas, 83 en haut à gauche, 100 en bas, 100-101, 108 en haut et en bas, 110 en bas à gauche, 110 en haut à droite, 116, 116-117, 118 en bas, 120-121, 136. Luciano Ramires/Archivio White Star: 70-71, 95, 112 en bas à gauche, 112 à droite. Giulio Veggi/Archivio White Star: 1, 10-11, 59 en haut, 60 en haut, 60 à gauche, 61 en haut, 63 à droite, 64 à gauche, 66 à gauche, 66 en haut, 66-67, 68 en haut, 69, 72-73, 74, 78, 79, 82, 84 en haut, 85 à droite, 98 en haut, 99, 100 en haut, 105 en bas, 106-107, 107, 109 en haut, 110 en haut et au centre à gauche, 110 en bas à droite, 113, 114 en haut, 117 en haut, 118 en haut. AKG Photo: 27 à droite, 28 en bas à droite, 37 en haut et en bas, 39 en bas à gauche et en bas à droite, 40 en bas à gauche, 41, 43 en haut et au centre, 51 en bas, 54 en haut à gauche, 54-55, 55 en haut, 56. Archivio Scala: 25 en bas à gauche, 29 en haut à droite, 35 en bas à gauche, 53 en bas, 67 en haut à droite, 97 en haut à droite. Barnaby's Picture Library: 54 au centre à droite. Yann Arthus Bertrand/Altitude/The Image Bank: 16-17, 59 en bas, 83 en haut à droite, 84-85, 88-89, 101 en haut, 105 en haut, 107 en haut à gauche, 122-123. Foto BIP/Agenzia Luisa Ricciarini: 65 en bas, 107 en haut à droite. Stefano Cellai/Sie: 90. Jean-Marc Charles/Agenzia Franca Speranza: 82-83. J.M. Charles/Rapho/Grazia Neri: 119 en haut. Jean-Loup Charmet: 23 à droite, 29 en bas, 42 en haut, 46, 47, 48-49, 49 au centre, 50 en haut, 51 au centre. Collection privée: 20 au centre et en bas, 24 en haut et au centre à droite, 25 en bas à droite, 26-27, 29 en haut à gauche, 31 en bas à gauche, 33 au centre, 52 en haut et au centre. Gian Carlo Costa/Agenzia Stradella: 27 en haut à gauche, 45 en bas, 52 en bas. Marco Cristofori/SIE: 87. Giovanni Dagli Orti: 20 en haut, 20-21, 22 en bas, 23 à gauche, 24 au centre à gauche, 24 en bas, 26 en haut à droite, 28 à gauche, 30, 32 en haut, 33 en haut et en bas, 34 en haut, 34-35, 35 en haut, 35 en bas à droite, 36 à gauche, 36 en bas, 38 en haut, 40-41, 48 en haut à gauche, 49 en haut et en bas, 50-51, 53 en haut et au centre, 67 en haut à gauche, 89, 102 en haut, 102-103, 122, 123 en haut, 124, 125, 126, 127, 128, 129, 130-131. R. De Pardon/Gamma: 57 en bas à droite. E.T. Archive: 39 en haut, 51 en haut, 59 en haut à gauche et à droite, 76, 77 au centre à gauche, 77 en bas à droite. Mary Evans Picture Library: 54 en bas. Fototeca Storica Nazionale: 21 en haut, 22 en haut, 26 en haut à gauche, 32 en bas à droite, 52 en haut à droite, 54 en haut à droite. Sylvain Grandadam: 68 en bas, 86 en bas. Johanna Huber/SIME: 8. M.J. Jarry/J.F. Tripelon/Agence Top/Grazia Neri: 81, 111, 112 en haut à gauche, 115. Photo Nimatallah/Agenzia Luisa Ricciarini: 25 en haut, 75 en bas à gauche, 77 en haut, 77 au centre à droite, 77 en bas à gauche. Andrea Pistolesi: 10 à gauche, 58 en haut, 80 en haut, 86 en haut. J.P. Rey/Gamma: 57 en haut et au centre. Agenzia Luisa Ricciarini: 31 en haut à droite, 36-37, 37 au centre, 38 en bas, 39 au centre à droite, 48 en haut à droite, 54 au centre à gauche, 75 en bas à droite, 96, 97 en bas à droite, 102 en bas. Ripani/SIME: 80 à gauche. Schinco/Focus Team: 114-115. Giovanni Simeone/SIME: 12-13, 14-15, 58-59, 91/94, 98-99, 104 en haut, 104-105, 108-109. Emilio F. Simion/Agenzia Luisa Ricciarini: 44 en haut à droite, 97 à gauche en haut et en bas. Harald Sund/The Image Bank: 3-6. Pascal Tournaire: 9. Gilbert Uzan/Gamma: 57 en bas au centre. Viouiard/Gamma: 57 en bas à gauche. Hans Wolf/The Image Bank: 118-119.